CHOIX DE POÈMES

POÈTES
ROMANTIQUES

ÉTUD...
CLA...

D0530451

COLLECTION
PARCOURS D'UNE ŒUVRE

SOUS LA DIRECTION DE MICHEL LAURIN

Beauchemin

CHENELIÈRE ÉDUCATION

Poètes romantiques

Choix de poèmes

Étude des œuvres par Claude Gonthier

Collection «Parcours d'une œuvre»

Sous la direction de Michel Laurin

© 2013 Chenelière Éducation inc.

Conception éditoriale : France Vandal
Édition : Julie Prince
Coordination : Sophie Jama
Correction d'épreuves : Jacinthe Caron
Conception graphique : Josée Bégin

**Catalogage avant publication
de Bibliothèque et Archives nationales du Québec
et Bibliothèque et Archives Canada**

Vedette principale au titre :

　Poètes romantiques

　(Collection Parcours d'une œuvre)
　Publ. antérieurement sous le titre : Poètes romantiques
　du xixe siècle. 2001.
　Comprend une bibliogr.

　Pour les étudiants du niveau collégial.

　ISBN 978-2-7616-6081-5

　1. Poésie française du 19e siècle.　2. Poésie française du 19e siècle –
Histoire et critique.　3. Romantisme – France.　I. Gonthier, Claude, 1960-　.
II. Titre : Poètes romantiques du xixe siècle.　III. Collection : Collection
Parcours d'une œuvre.

PQ1182.P64 2013　　　　　841'.7080145　　　　　C2013-940197-0

Beauchemin

CHENELIÈRE ÉDUCATION

5800, rue Saint-Denis, bureau 900
Montréal (Québec) H2S 3L5 Canada
Téléphone : 514 273-1066
Télécopieur : 514 276-0324 ou 1 800 814-0324
info@cheneliere.ca

ISBN 978-2-7616-6081-5

Dépôt légal : 2e trimestre 2013
Bibliothèque et Archives nationales du Québec
Bibliothèque et Archives Canada

Imprimé au Canada

1　2　3　4　5　M　17　16　15　14　13

Nous reconnaissons l'aide financière du gouvernement du Canada par
l'entremise du Fonds du livre du Canada (FLC) pour nos activités d'édition.

Gouvernement du Québec – Programme de crédit d'impôt pour l'édition de
livres – Gestion SODEC.

Tableau de la couverture :

***Homme et femme contemplant
la lune**.* Œuvre de **Caspar David
Friedrich**, vers 1830-1835.

REMERCIEMENTS

L'auteur tient à remercier Josée Bonneville, sa première lectrice, pour son aide précieuse. Merci également aux amis qui ont généreusement donné des documents, des notes de cours et des conseils avisés dans le choix des poèmes : Robert Charette, Jean Desmarais, François Rochon, Jacques Rochon et Jacques Rodriguez.

TABLE DES MATIÈRES

Gérard de Nerval

Alfred de Musset

PRÉSENTATION DE L'ŒUVRE 129

Voyage au-dessus des nuages.
Peinture de Caspar David Friedrich (1774-1840).

INTRODUCTION

ÊTRE, UNIVERS ET SENTIMENTS

Au début du xixe siècle, le romantisme se répand dans toute l'Europe et suscite un tel engouement chez les artistes et dans le public que tous les arts vibrent bientôt à son diapason. La poésie ne fait pas exception. Plus intime que le roman, plus secrète que le théâtre, elle est peut-être même le genre littéraire le plus idéalement romantique, puisqu'elle s'attache de près à l'individu et le met à nu. La poésie plonge au cœur de l'être tourmenté par le « mal du siècle », qui se livre tout entier aux passions, aux déchirements et aux flambées de révolte de ses sentiments. Pendant ce temps, la société et l'amour ne cessent de le duper dans sa quête de bonheur et d'absolu.

Même si nous, lecteurs du xxie siècle, ne croyons plus aux valeurs de cette époque, nous nous reconnaissons dans cette poésie écrite il y a près de deux cents ans. Même si notre matérialisme et notre esprit scientifique refusent la dimension spirituelle, qui apaise si souvent les angoisses de l'âme romantique, nous nous surprenons à découvrir des sentiments qui sont les nôtres. L'être romantique demeure si vulnérable devant la difficulté de vivre et la crainte de mourir. Ce qu'il raconte — ses espoirs déçus, ses amours trompées, ses inquiétudes renouvelées — semble si familier que sa poésie trouve refuge en nous.

Alphonse de Lamartine, Alfred de Vigny, Victor Hugo, Gérard de Nerval, Alfred de Musset : la présente anthologie propose les chefs-d'œuvre célèbres ou méconnus des cinq plus grands poètes romantiques français. Tous les poèmes sont donnés dans leur version intégrale, afin d'éviter les citations de vers célèbres hors du contexte de la pensée qui les sous-tend.

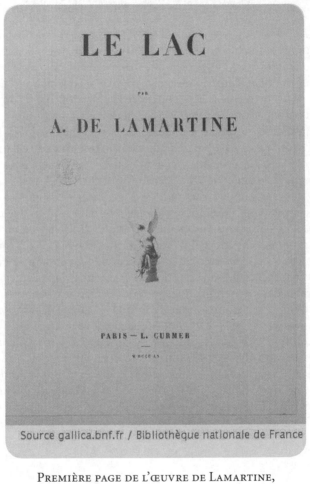

PREMIÈRE PAGE DE L'ŒUVRE DE LAMARTINE,
LE LAC (1860).

L'Isolement

Souvent sur la montagne, à l'ombre du vieux chêne,
Au coucher du soleil, tristement je m'assieds ;
Je promène au hasard mes regards sur la plaine,
4   Dont le tableau changeant se déroule à mes pieds.

Ici gronde le fleuve aux vagues écumantes ;
Il serpente, et s'enfonce en un lointain obscur ;
Là, le lac immobile étend ses eaux dormantes
8   Où l'étoile du soir se lève dans l'azur.

Au sommet de ces monts couronnés de bois sombres,
Le crépuscule encor jette un dernier rayon ;
Et le char vaporeux de la reine des ombres
12   Monte, et blanchit déjà les bords de l'horizon.

Cependant, s'élançant de la flèche gothique,
Un son religieux se répand dans les airs :
Le voyageur s'arrête, et la cloche rustique
16   Aux derniers bruits du jour mêle de saints concerts.

Mais à ces doux tableaux mon âme indifférente
N'éprouve devant eux ni charme ni transports ;
Je contemple la terre ainsi qu'une ombre[1] errante :
20   Le soleil des vivants n'échauffe plus les morts.

De colline en colline en vain portant ma vue,
Du sud à l'aquilon[2], de l'aurore au couchant,
Je parcours tous les points de l'immense étendue,
24   Et je dis : « Nulle part le bonheur ne m'attend. »

---

1. ombre : âme.
2. aquilon : vent du nord. Ici, désigne le nord.

Que me font ces vallons, ces palais, ces chaumières,
Vains objets dont pour moi le charme est envolé ?
Fleuves, rochers, forêts, solitudes si chères,
28   Un seul être vous manque, et tout est dépeuplé !

Que le tour du soleil ou commence ou s'achève,
D'un œil indifférent je le suis dans son cours ;
En un ciel sombre ou pur qu'il se couche ou se lève,
32   Qu'importe le soleil ? je n'attends rien des jours.

Quand je pourrais le suivre en sa vaste carrière,
Mes yeux verraient partout le vide et les déserts :
Je ne désire rien de tout ce qu'il éclaire ;
36   Je ne demande rien à l'immense univers.

Mais peut-être au-delà des bornes de sa sphère,
Lieux où le vrai soleil[1] éclaire d'autres cieux,
Si je pouvais laisser ma dépouille à la terre,
40   Ce que j'ai tant rêvé paraîtrait à mes yeux !

Là, je m'enivrerais à la source où j'aspire ;
Là, je retrouverais et l'espoir et l'amour,
Et ce bien idéal que toute âme désire,
44   Et qui n'a pas de nom au terrestre séjour !

Que ne puis-je, porté sur le char de l'Aurore,
Vague objet[2] de mes vœux, m'élancer jusqu'à toi !
Sur la terre d'exil pourquoi resté-je encore ?
48   Il n'est rien de commun entre la terre et moi.

Quand la feuille des bois tombe dans la prairie,
Le vent du soir s'élève et l'arrache aux vallons ;
Et moi, je suis semblable à la feuille flétrie ;
52   Emportez-moi comme elle, orageux aquilons !

(*Méditations poétiques*, I)

---

1. soleil : Dieu.
2. objet : ce qui existe hors de l'esprit, ce à quoi pense le sujet.

Le Soir

Le soir ramène le silence.
Assis sur ces rochers déserts,
Je suis dans le vague des airs
4   Le char de la nuit qui s'avance.

Vénus se lève à l'horizon ;
À mes pieds l'étoile amoureuse[1]
De sa lueur mystérieuse
8   Blanchit les tapis de gazon.

De ce hêtre au feuillage sombre
J'entends frissonner les rameaux :
On dirait autour des tombeaux
12   Qu'on entend voltiger une ombre.

Tout à coup, détaché des cieux,
Un rayon de l'astre nocturne[2],
Glissant sur mon front taciturne,
16   Vient mollement toucher mes yeux.

Doux reflet d'un globe de flamme[3],
Charmant rayon, que me veux-tu ?
Viens-tu dans mon sein abattu
20   Porter la lumière en mon âme ?

Descends-tu pour me révéler
Des mondes le divin mystère ?
Ces secrets cachés dans la sphère
24   Où le jour va te rappeler ?

---

1. étoile amoureuse : la planète Vénus est associée à l'amour comme la déesse dont elle porte le nom.
2. astre nocturne : la lune.
3. reflet d'un globe de flamme : la lune n'émet aucune lumière ; elle ne fait que refléter celle du soleil (« un globe de flamme »).

Une secrète intelligence
T'adresse-t-elle aux malheureux ?
Viens-tu la nuit briller sur eux
28   Comme un rayon de l'espérance ?

Viens-tu dévoiler l'avenir
Au cœur fatigué qui l'implore ?
Rayon divin, es-tu l'aurore
32   Du jour qui ne doit pas finir ?

Mon cœur à ta clarté s'enflamme,
Je sens des transports inconnus,
Je songe à ceux qui ne sont plus :
36   Douce lumière, es-tu leur âme ?

Peut-être ces mânes[1] heureux
Glissent ainsi sur le bocage ?
Enveloppé de leur image,
40   Je crois me sentir plus près d'eux !

Ah ! si c'est vous, ombres chéries !
Loin de la foule et loin du bruit,
Revenez ainsi chaque nuit
44   Vous mêler à mes rêveries.

Ramenez la paix et l'amour
Au sein de mon âme épuisée,
Comme la nocturne rosée
48   Qui tombe après les feux du jour.

Venez !… mais des vapeurs funèbres
Montent des bords de l'horizon :
Elles voilent le doux rayon,
52   Et tout rentre dans les ténèbres.

(*Méditations poétiques*, IV)

---

1. mânes : esprits, fantômes d'ancêtres, d'aïeux.

Le Vallon

Mon cœur, lassé de tout, même de l'espérance,
N'ira plus de ses vœux importuner le sort ;
Prêtez-moi seulement, vallon de mon enfance,
4   Un asile d'un jour pour attendre la mort.

Voici l'étroit sentier de l'obscure vallée :
Du flanc de ces coteaux pendent des bois épais,
Qui, courbant sur mon front leur ombre entremêlée,
8   Me couvrent tout entier de silence et de paix.

Là, deux ruisseaux cachés sous des ponts de verdure
Tracent en serpentant les contours du vallon ;
Ils mêlent un moment leur onde et leur murmure,
12   Et non loin de leur source ils se perdent sans nom.

La source de mes jours comme eux s'est écoulée ;
Elle a passé sans bruit, sans nom, et sans retour :
Mais leur onde est limpide, et mon âme troublée
16   N'aura pas réfléchi les clartés d'un beau jour.

La fraîcheur de leurs lits, l'ombre qui les couronne,
M'enchaînent tout le jour sur les bords des ruisseaux,
Comme un enfant bercé par un chant monotone,
20   Mon âme s'assoupit au murmure des eaux.

Ah ! c'est là qu'entouré d'un rempart de verdure,
D'un horizon borné qui suffit à mes yeux,
J'aime à fixer mes pas, et, seul dans la nature,
24   À n'entendre que l'onde, à ne voir que les cieux.

J'ai trop vu, trop senti, trop aimé dans ma vie ;
Je viens chercher vivant le calme du Léthé[1].
Beaux lieux, soyez pour moi ces bords où l'on oublie :
28   L'oubli seul désormais est ma félicité.

Mon cœur est en repos, mon âme est en silence ;
Le bruit lointain du monde expire en arrivant,
Comme un son éloigné qu'affaiblit la distance,
32   À l'oreille incertaine apporté par le vent.

D'ici je vois la vie, à travers un nuage,
S'évanouir pour moi dans l'ombre du passé ;
L'amour seul est resté, comme une grande image
36   Survit seule au réveil dans un songe effacé.

Repose-toi, mon âme, en ce dernier asile,
Ainsi qu'un voyageur qui, le cœur plein d'espoir,
S'assied, avant d'entrer, aux portes de la ville[2],
40   Et respire un moment l'air embaumé du soir.

Comme lui, de nos pieds secouons la poussière[3] ;
L'homme par ce chemin ne repasse jamais ;
Comme lui, respirons au bout de la carrière
44   Ce calme avant-coureur de l'éternelle paix.

Tes jours, sombres et courts comme les jours d'automne,
Déclinent comme l'ombre au penchant des coteaux ;
L'amitié te trahit, la pitié t'abandonne,
48   Et, seule, tu descends le sentier des tombeaux.

---

1. Léthé : dans la mythologie grecque, fleuve de l'Enfer symbolisant l'Oubli ; les âmes s'y abreuvaient pour perdre tout souvenir de la vie et celles destinées à renaître y buvaient pour oublier le royaume des morts.
2. aux portes de la ville : allusion à peine voilée à la Cité de Dieu, où se retrouvent les âmes pures après la mort.
3. de nos pieds secouons la poussière : dans la Bible, Jésus suggère ce geste à ses disciples pour marquer le dédain envers un lieu où ils ont été mal accueillis. Ici, le geste concerne les lieux visités par l'homme au cours de son voyage (sa vie).

Mais la nature est là qui t'invite et qui t'aime ;
Plonge-toi dans son sein qu'elle t'ouvre toujours ;
Quand tout change pour toi, la nature est la même,
52   Et le même soleil se lève sur tes jours.

De lumière et d'ombrage elle t'entoure encore :
Détache ton amour des faux biens que tu perds ;
Adore ici l'écho qu'adorait Pythagore[1],
56   Prête avec lui l'oreille aux célestes concerts.

Suis le jour dans le ciel, suis l'ombre sur la terre ;
Dans les plaines de l'air vole avec l'aquilon[2] ;
Avec les doux rayons de l'astre du mystère[3]
60   Glisse à travers les bois dans l'ombre du vallon.

Dieu, pour le concevoir, a fait l'intelligence :
Sous la nature enfin découvre son auteur !
Une voix à l'esprit parle dans son silence :
64   Qui n'a pas entendu cette voix dans son cœur ?

(*Méditations poétiques*, VI)

---

1. Pythagore (VIe siècle av. J.-C.). Philosophe grec. Il croyait à l'immortalité de l'âme et à la
   réincarnation. Mathématicien, il aurait élaboré le théorème qui porte aujourd'hui son nom
   ainsi que la relation entre les principaux intervalles musicaux encore en vigueur dans la
   musique occidentale (l'octave, la quinte, la quarte). Selon sa pensée, l'univers entier n'est que
   nombre et harmonie.
2. aquilon : vent du nord ; ici, la vélocité, la force du vent.
3. astre du mystère : la lune.

LE LAC

Ainsi, toujours poussés vers de nouveaux rivages,
Dans la nuit éternelle emportés sans retour,
Ne pourrons-nous jamais sur l'océan des âges
4   Jeter l'ancre un seul jour?

Ô lac! l'année à peine a fini sa carrière,
Et près des flots chéris qu'elle devait revoir,
Regarde! je viens seul m'asseoir sur cette pierre
8   Où tu la vis s'asseoir!

Tu mugissais ainsi sous ces roches profondes,
Ainsi tu te brisais sur leurs flancs déchirés,
Ainsi le vent jetait l'écume de tes ondes
12   Sur ses pieds adorés.

Un soir, t'en souvient-il? nous voguions en silence,
On n'entendait au loin, sur l'onde et sous les cieux,
Que le bruit des rameurs qui frappaient en cadence
16   Tes flots harmonieux.

Tout à coup des accents inconnus à la terre[1]
Du rivage charmé frappèrent les échos:
Le flot fut attentif, et la voix qui m'est chère
20   Laissa tomber ces mots:

«Ô temps! suspends ton vol, et vous, heures propices:
   Suspendez votre cours!
Laissez-nous savourer les rapides délices
24   Des plus beaux de nos jours!

---

1. accents inconnus à la terre: accompagnant le poète sur les eaux du lac, la femme aimée est considérée comme un être supraterrestre. Ces accents (sa voix) paraissent donc inconnus à notre monde.

«Assez de malheureux ici-bas vous implorent :
       Coulez, coulez pour eux ;
Prenez avec leurs jours les soins qui les dévorent ;
28   Oubliez les heureux.

«Mais je demande en vain quelques moments encore,
       Le temps m'échappe et fuit ;
Je dis à cette nuit : sois plus lente ; et l'aurore
32   Va dissiper la nuit.

«Aimons donc, aimons donc ! de l'heure fugitive,
       Hâtons-nous, jouissons !
L'homme n'a point de port, le temps n'a point de rive ;
36   Il coule, et nous passons ! »

Temps jaloux[1], se peut-il que ces moments d'ivresse,
Où l'amour à longs flots nous verse le bonheur,
S'envolent loin de nous de la même vitesse
40   Que les jours du malheur ?

Hé quoi ! n'en pourrons-nous fixer au moins la trace ?
Quoi ! passés pour jamais ? quoi ! tout entiers perdus ?
Ce temps qui les donna, ce temps qui les efface,
44   Ne nous les rendra plus ?

Éternité, néant, passé, sombres abîmes,
Que faites-vous des jours que vous engloutissez ?
Parlez : nous rendrez-vous ces extases sublimes
48   Que vous nous ravissez ?

Ô lac ! rochers muets ! grottes ! forêt obscure !
Vous que le temps épargne ou qu'il peut rajeunir,
Gardez de cette nuit, gardez, belle nature,
52   Au moins le souvenir !

---

1. Temps jaloux : jaloux du bonheur des hommes.

Qu'il soit dans ton repos, qu'il soit dans tes orages,
Beau lac, et dans l'aspect de tes riants coteaux,
Et dans ces noirs sapins, et dans ces rocs sauvages
56   Qui pendent sur tes eaux !

Qu'il soit dans le zéphyr[1] qui frémit et qui passe,
Dans les bruits de tes bords par tes bords répétés,
Dans l'astre au front d'argent qui blanchit ta surface
60   De ses molles clartés !

Que le vent qui gémit, le roseau qui soupire,
Que les parfums légers de ton air embaumé,
Que tout ce qu'on entend, l'on voit ou l'on respire,
64   Tout dise : Ils ont aimé.

(*Méditations poétiques*, XIII)

---

1. zéphyr : vent doux et agréable.

L'Automne

Salut, bois couronnés d'un reste de verdure,
Feuillages jaunissants sur les gazons épars[1]!
Salut, derniers beaux jours! le deuil de la nature
4 Convient à la douleur et plaît à mes regards.

Je suis d'un pas rêveur le sentier solitaire;
J'aime à revoir encor, pour la dernière fois,
Ce soleil pâlissant, dont la faible lumière
8 Perce à peine à mes pieds l'obscurité des bois.

Oui, dans ces jours d'automne où la nature expire,
À ses regards voilés je trouve plus d'attraits;
C'est l'adieu d'un ami, c'est le dernier sourire
12 Des lèvres que la mort va fermer pour jamais.

Ainsi, prêt à quitter l'horizon de la vie,
Pleurant de mes longs jours l'espoir évanoui,
Je me retourne encore, et d'un regard d'envie
16 Je contemple ses biens[2] dont je n'ai pas joui.

Terre, soleil, vallons, belle et douce nature,
Je vous dois une larme aux bords de mon tombeau;
L'air est si parfumé! la lumière est si pure!
20 Aux regards d'un mourant le soleil est si beau!

Je voudrais maintenant vider jusqu'à la lie
Ce calice mêlé de nectar et de fiel[3].
Au fond de cette coupe où je buvais la vie,
24 Peut-être restait-il une goutte de miel!

---

1. épars: dispersés; complète « feuillages » et non « gazon ».
2. ses biens: les biens de la vie.
3. de nectar et de fiel: d'une exquise boisson, celle des dieux, et d'une bile verdâtre ou d'une aigreur due à la colère.

Peut-être l'avenir me gardait-il encore
Un retour de bonheur dont l'espoir est perdu !
Peut-être, dans la foule, une âme que j'ignore
28   Aurait compris mon âme, et m'aurait répondu !…

La fleur tombe en livrant ses parfums au zéphire[1] ;
À la vie, au soleil, ce sont là ses adieux :
Moi, je meurs ; et mon âme, au moment qu'elle expire,
32   S'exhale comme un son triste et mélodieux.

(*Méditations poétiques*, XXIX)

---

1. zéphire : vent doux, agréable. Le *e* final permet la rime visuelle avec « expire » au vers 31. Licence orthographique permise.

À El***[1]

Lorsque seul avec toi, pensive et recueillie,
Tes deux mains dans la mienne, assis à tes côtés,
J'abandonne mon âme aux molles voluptés
4   Et je laisse couler les heures que j'oublie ;
Lorsqu'au fond des forêts je t'entraîne avec moi,
Lorsque tes doux soupirs charment seuls mon oreille,
Ou que, te répétant les serments de la veille,
8   Je te jure à mon tour de n'adorer que toi ;
Lorsqu'enfin, plus heureux, ton front charmant repose
Sur mon genou tremblant qui lui sert de soutien,
Et que mes doux regards sont suspendus au tien
12   Comme l'abeille avide aux feuilles de la rose ;
Souvent alors, souvent, dans le fond de mon cœur
Pénètre comme un trait une vague terreur ;
Tu me vois tressaillir ; je pâlis, je frissonne,
16   Et troublé tout à coup dans le sein du bonheur,
Je sens couler des pleurs dont mon âme s'étonne.
Tu me presses soudain dans tes bras caressants,
      Tu m'interroges, tu t'alarmes,
20   Et je vois de tes yeux s'échapper quelques larmes
Qui viennent se mêler aux pleurs que je répands.
« De quel ennui secret ton âme est-elle atteinte ?
Me dis-tu : cher amour, épanche ta douleur ;
24   J'adoucirai ta peine en écoutant ta plainte.
Et mon cœur versera le baume dans ton cœur. »
Ne m'interroge plus, ô moitié de moi-même !
Enlacé dans tes bras, quand tu me dis : Je t'aime ;
28   Quand mes yeux enivrés se soulèvent vers toi,
Nul mortel sous les cieux n'est plus heureux que moi !

---

1. À El*** : l'abréviation ne fait référence à aucune femme en particulier. On peut y voir une adresse générique à l'Être aimé, à la Femme, à _Elle_.

Mais jusque dans le sein des heures fortunées
Je ne sais quelle voix que j'entends retentir
32   Me poursuit, et vient m'avertir
Que le bonheur s'enfuit sur l'aile des années,
Et que de nos amours le flambeau doit mourir !
D'un vol épouvanté, dans le sombre avenir
36   Mon âme avec effroi se plonge,
        Et je me dis : Ce n'est qu'un songe
        Que le bonheur qui doit finir.

(*Nouvelles Méditations poétiques*, XI)

L'Occident

Et la mer s'apaisait, comme une urne[1] écumante
Qui s'abaisse[2] au moment où le foyer[3] pâlit,
Et, retirant du bord sa vague encor fumante,
4   Comme pour s'endormir rentrait dans son grand lit ;

Et l'astre[4] qui tombait de nuage en nuage
Suspendait sur les flots son orbe[5] sans rayon,
Puis plongeait la moitié de sa sanglante image,
8   Comme un navire en feu qui sombre à l'horizon ;

Et la moitié du ciel pâlissait, et la brise
Défaillait dans la voile, immobile et sans voix[6],
Et les ombres couraient, et sous leur teinte grise
12   Tout sur le ciel et l'eau s'effaçait à la fois ;

Et dans mon âme aussi pâlissant à mesure,
Tous les bruits d'ici-bas tombaient avec le jour,
Et quelque chose en moi, comme dans la nature,
16   Pleurait, priait, souffrait, bénissait tour à tour !

Et, vers l'occident seul, une porte éclatante
Laissait voir la lumière à flots d'or ondoyer,
Et la nue[7] empourprée imitait une tente
20   Qui voile sans l'éteindre un immense foyer ;

Et les ombres, les vents, et les flots de l'abîme,
Vers cette arche de feu tout paraissait courir,
Comme si la nature et tout ce qui l'anime
24   En perdant la lumière avait craint de mourir !

---

1. urne : vase ; ici, un récipient sur le feu.
2. Qui s'abaisse : dont l'écume du liquide bouillant s'abaisse.
3. foyer : lieu où l'on fait du feu et, par extension, le feu lui-même.
4. astre : le soleil.
5. orbe : globe, sphère du soleil.
6. immobile et sans voix : complète « brise » et non « voile ».
7. nue : le ciel tout entier ; les nuages.

La poussière du soir y volait de la terre.
L'écume à blancs flocons sur la vague y flottait ;
Et mon regard long, triste, errant, involontaire,
28   Les suivait, et de pleurs sans chagrin s'humectait.

Et tout disparaissait ; et mon âme oppressée
Restait vide et pareille à l'horizon couvert ;
Et puis il s'élevait une seule pensée,
32   Comme une pyramide au milieu du désert.

Ô lumière ! où vas-tu ? Globe épuisé de flamme,
Nuages, aquilons[1], vagues, où courez-vous ?
Poussière, écume, nuit ; vous, mes yeux ; toi, mon âme,
36   Dites, si vous savez, où donc allons-nous tous ?

À toi, grand Tout, dont l'astre[2] est la pâle étincelle,
En qui la nuit, le jour, l'esprit vont aboutir !
Flux et reflux divin de vie universelle,
40   Vaste océan de l'Être où tout va s'engloutir !

(*Harmonies poétiques et religieuses*, livre deuxième, II)

Alph. Delamartine

---

1. aquilons : vents du nord ; ici, tous les vents.
2. astre : le soleil.

Vignette de Tony Johannot pour
Les poèmes d'Alfred de Vigny (1829).

Le Bal

La harpe tremble encore et la flûte soupire,
Car la Valse bondit dans son sphérique empire;
Des couples passagers éblouissent les yeux,
4   Volent entrelacés en cercle gracieux,
Suspendent des repos balancés en mesure,
Aux reflets d'une glace admirent leur parure,
Repartent; puis, troublés par leur groupe riant,
8   Dans leurs tours moins adroits se heurtent en criant.
La danseuse, enivrée aux transports de la fête,
Sème et foule en passant les bouquets de sa tête,
Au bras qui la soutient se livre, et, pâlissant,
12   Tourne, les yeux baissés sur un sein frémissant.

Courez, jeunes beautés, formez la double danse.
          Entendez-vous l'archet du bal joyeux,
Jeunes beautés? Bientôt la légère cadence
16   Toutes va, tout à coup, vous mêler à mes yeux.

Dansez, et couronnez de fleurs vos fronts d'albâtre[1];
Liez au blanc muguet l'hyacinthe[2] bleuâtre,
Et que vos pas moelleux, délices d'un amant,
20   Sur le chêne poli glissent légèrement;
Dansez, car dès demain vos mères exigeantes
À vos jeunes travaux vous diront négligentes;
L'aiguille détestée aura fui de vos doigts,
24   Ou, de la mélodie interrompant les lois,
Sur l'instrument mobile, harmonieux ivoire,
Vos mains auront perdu la touche blanche et noire;
Demain, sous l'humble habit du jour laborieux,
28   Un livre, sans plaisir, fatiguera vos yeux;

---

1. albâtre: variété de gypse très blanc; ici, objet d'une blancheur éclatante.
2. hyacinthe: nom ancien pour la jacinthe. Fleur en grappe simple.

Ils chercheront en vain, sur la feuille indocile,
De ses simples discours le sens clair et facile ;
Loin du papier noirci votre esprit égaré,
32   Partant, seul et léger, vers le bal adoré,
Laissera de vos yeux l'indécise prunelle
Recommencer vingt fois une page éternelle.
Prolongez, s'il se peut, oh ! prolongez la nuit
36   Qui d'un pas diligent plus que vos pas s'enfuit !

Le signal est donné, l'archet frémit encore :
       Élancez-vous, liez ces pas nouveaux
Que l'Anglais[1] inventa, nœuds chers à Terpsichore[2],
40   Qui d'une molle chaîne imitent les anneaux.

Dansez ; un soir encore usez de votre vie :
L'étincelante nuit d'un long jour est suivie ;
À l'orchestre brillant le silence fatal
44   Succède, et les dégoûts aux doux propos du bal.
Ah ! reculez le jour où, surveillantes mères,
Vous saurez du berceau les angoisses amères :
Car, dès que de l'enfant le cri s'est élevé,
48   Adieu, plaisir, long voile à demi relevé,
Et parure éclatante, et beaux joyaux des fêtes,
Et le soir, en passant, les riantes conquêtes
Sous les ormes, le soir, aux heures de l'amour,
52   Quand les feux suspendus ont rallumé le jour.
Mais aux yeux maternels les veilles inquiètes
Ne manquèrent jamais, ni les peines muettes
Que dédaigne l'époux, que l'enfant méconnaît,
56   Et dont le souvenir dans les songes renaît.
Ainsi, toute au berceau qui la tient asservie,
La mère avec ses pleurs voit s'écouler sa vie.

---

1. l'Anglais : pris au sens du peuple anglais qui inventa une danse populaire très vive et très variée, nommée l'Anglaise.
2. Terpsichore : dans la mythologie, l'une des neuf muses (divinités inspiratrices des arts). Terpsichore est la muse de la danse.

Rappelez les plaisirs, ils fuiront votre voix,
60   Et leurs chaînes de fleurs se rompront sous vos doigts.

Ensemble, à pas légers, traversez la carrière ;
        Que votre main touche une heureuse main,
Et que vos pieds savants à leur place première
64   Reviennent, balancés dans leur double chemin.

Dansez : un jour, hélas ! ô reines éphémères !
De votre jeune empire auront fui les chimères.
Rien n'occupera plus vos cœurs désenchantés
68   Que des rêves d'amour bien vite épouvantés,
Et le regret lointain de ces fraîches années
Qu'un souffle a fait mourir, en moins de temps fanées
Que la rose et l'œillet, l'honneur de votre front ;
72   Et, du temps indompté lorsque viendra l'affront,
Quelles seront alors vos tardives alarmes !
Un teint, déjà flétri, pâlira sous les larmes,
Les larmes, à présent doux trésor des amours,
76   Les larmes, contre l'âge inutile secours :
Car les ans maladifs, avec un doigt de glace,
Des chagrins dans vos cœurs auront marqué la place,
La morose vieillesse… Ô légères beautés !
80   Dansez, multipliez vos pas précipités,
Et dans les blanches mains les mains entrelacées,
Et les regards de feu, les guirlandes froissées,
Et le rire éclatant, cri des joyeux loisirs,
84   Et que la salle au loin tremble de vos plaisirs.

(*Poèmes antiques et modernes, Livre moderne*, 1818)

LA MAISON DU BERGER

Lettre à Éva

I

Si ton cœur, gémissant du poids de notre vie,
Se traîne et se débat comme un aigle blessé,
Portant comme le sien, sur son aile asservie,
Tout un monde fatal, écrasant et glacé ;
5   S'il ne bat qu'en saignant par sa plaie immortelle,
S'il ne voit plus l'amour, son étoile fidèle,
Éclairer pour lui seul l'horizon effacé ;

Si ton âme enchaînée, ainsi que l'est mon âme,
Lasse de son boulet et de son pain amer,
10   Sur sa galère en deuil laisse tomber la rame,
Penche sa tête pâle et pleure sur la mer,
Et, cherchant dans les flots une route inconnue,
Y voit[1], en frissonnant, sur son épaule nue
La lettre sociale[2] écrite avec le fer ;

15   Si ton corps, frémissant des passions secrètes,
S'indigne des regards, timide et palpitant ;
S'il cherche à sa beauté de profondes retraites
Pour la mieux dérober au profane insultant ;
Si ta lèvre se sèche au poison des mensonges,
20   Si ton beau front rougit de passer dans les songes
D'un impur inconnu qui te voit et t'entend,

Pars courageusement, laisse toutes les villes ;
Ne ternis plus tes pieds aux poudres du chemin,
Du haut de nos pensers[3] vois les cités serviles
25   Comme les rocs fatals de l'esclavage humain.

---

1. Y voit : lire « voit sur la surface des flots ».
2. lettre sociale : marque imprimée au fer rouge sur l'épaule des prisonniers ou forçats.
3. pensers : pensées (littéraire).

Les grands bois et les champs sont de vastes asiles,
Libres comme la mer autour des sombres îles.
Marche à travers les champs une fleur à la main.

La Nature t'attend dans un silence austère ;
30   L'herbe élève à tes pieds son nuage des soirs[1],
Et le soupir d'adieu[2] du Soleil à la terre
Balance les beaux lys comme des encensoirs.
La forêt a voilé ses colonnes profondes,
La montagne se cache, et sur les pâles ondes
35   Le saule a suspendu ses chastes reposoirs[3].

Le Crépuscule ami s'endort dans la vallée
Sur l'herbe d'émeraude et sur l'or du gazon,
Sous les timides joncs de la source isolée
Et sous le bois rêveur qui tremble à l'horizon,
40   Se balance en fuyant dans les grappes sauvages,
Jette son manteau gris sur le bord des rivages,
Et des fleurs de la nuit entr'ouvre la prison.

Il est sur ma montagne une épaisse bruyère
Où les pas du chasseur ont peine à se plonger,
45   Qui plus haut que nos fronts lève sa tête altière,
Et garde dans la nuit le pâtre et l'étranger.
Viens y cacher l'amour et ta divine faute[4] ;
Si l'herbe est agitée ou n'est pas assez haute,
J'y roulerai pour toi la Maison du Berger[5].

50   Elle va doucement avec ses quatre roues,
Son toit n'est pas plus haut que ton front et tes yeux ;
La couleur du corail et celle de tes joues
Teignent le char nocturne et ses muets essieux.

---

1. son nuage des soirs : la brume.
2. soupir d'adieu : la brise, le vent du soir.
3. reposoirs : support en forme d'autel sur lequel les religieux déposent le Saint Sacrement lors d'une procession.
4. divine faute : chez les romantiques, le péché de l'amour interdit est racheté par le caractère noble et sacré de la passion.
5. Maison du Berger : hutte roulante qu'habitaient, à la belle saison, les bergers. Ici, la connotation est autobiographique de la part de Vigny.

Le seuil est parfumé, l'alcôve est large et sombre,
55   Et là, parmi les fleurs, nous trouverons dans l'ombre,
Pour nos cheveux unis, un lit silencieux.

Je verrai, si tu veux, les pays de la neige,
Ceux où l'astre amoureux[1] dévore et resplendit,
Ceux que heurtent les vents, ceux que la neige assiège,
60   Ceux où le pôle obscur sous sa glace est maudit.
Nous suivrons du hasard la course vagabonde.
Que m'importe le jour? que m'importe le monde?
Je dirai qu'ils sont beaux quand tes yeux l'auront dit.

Que Dieu guide à son but la vapeur foudroyante[2]
65   Sur le fer des chemins qui traversent les monts,
Qu'un Ange soit debout sur sa forge bruyante[3],
Quand elle va sous terre et fait trembler les ponts,
Et de ses dents de feu dévorant ses chaudières,
Transperce les cités et saute les rivières,
70   Plus vite que le cerf dans l'ardeur de ses bonds!

Oui, si l'Ange aux yeux bleus ne veille sur sa route,
Et le glaive à la main ne plane et la défend,
S'il n'a compté les coups du levier, s'il n'écoute
Chaque tour de la roue en son cours triomphant,
75   S'il n'a l'œil sur les eaux et la main sur la braise,
Pour jeter en éclats la magique fournaise,
Il suffira toujours du caillou d'un enfant[4].

Sur le taureau de fer[5] qui fume, souffle et beugle,
L'homme a monté trop tôt. Nul ne connaît encor
80   Quels orages en lui porte ce rude aveugle,
Et le gai voyageur lui livre son trésor;

---

1. astre amoureux: la planète Vénus, étoile dans le firmament terrestre, est associée à l'amour comme la déesse mythologique dont elle porte le nom.
2. vapeur foudroyante: le train.
3. forge bruyante: la chaudière du train. Les flammes sont alimentées par du charbon qu'un mécanicien (ici l'« Ange ») jette à pelletées dans la gueule du four.
4. caillou d'un enfant: Vigny suggère qu'un rien, le « caillou », puisse détraquer la machine.
5. taureau de fer: le train.

Son vieux père et ses fils, il les jette en otage
Dans le ventre brûlant du taureau de Carthage[1],
Qui les rejette en cendre aux pieds du Dieu de l'or[2].

85 Mais il faut triompher du temps et de l'espace,
Arriver ou mourir. Les marchands sont jaloux[3].
L'or pleut sous les charbons de la vapeur qui passe,
Le moment et le but sont l'univers pour nous.
Tous se sont dit : « Allons ! » Mais aucun n'est le maître
90 Du dragon mugissant qu'un savant a fait naître ;
Nous nous sommes joués à plus fort que nous tous.

Eh bien ! que tout circule et que les grandes causes
Sur les ailes de feu lancent les actions,
Pourvu qu'ouverts toujours aux généreuses choses[4],
95 Les chemins du vendeur servent les passions !
Béni soit le Commerce au hardi caducée[5],
Si l'Amour que tourmente une sombre pensée
Peut franchir en un jour deux grandes nations.

Mais, à moins qu'un ami menacé dans sa vie
100 Ne jette, en appelant, le cri du désespoir,
Ou qu'avec son Clairon la France nous convie[6]
Aux fêtes du combat, aux luttes du savoir ;
À moins qu'au lit de mort une mère éplorée
Ne veuille encor poser sur sa race adorée
105 Ces yeux tristes et doux qu'on ne doit plus revoir,

Évitons ces chemins. — Leur voyage est sans grâces
Puisqu'il est aussi prompt, sur ses lignes de fer,

---

1. taureau de Carthage : Phalaris, tyran d'Agrigente (Sicile), enfermait ses ennemis dans les flancs d'un taureau de bronze sous lequel il allumait un brasier.
2. Dieu de l'or : allusion au Moloch, divinité de Carthage (près de Tunis, Afrique du Nord), pour l'adoration duquel on brûlait des enfants.
3. sont jaloux : sont avides de profits.
4. généreuses choses : ce qui ne concerne pas le profit. Au vers suivant, *passions* est pris dans son sens le plus noble.
5. caducée : bâton symbolique, à deux serpents entrelacés, attribut de Mercure, dieu du Commerce.
6. la France nous convie : lire « la France *ne* nous convie ».

Que la flèche élancée à travers les espaces
Qui va de l'arc au but en faisant siffler l'air.
110 Ainsi jetée au loin, l'humaine créature
Ne respire et ne voit, dans toute la nature,
Qu'un brouillard étouffant que traverse un éclair.

On n'entendra jamais piaffer sur une route
Le pied vif du cheval sur les pavés en feu[1] ;
115 Adieu, voyages lents, bruits lointains qu'on écoute,
Le rire du passant, les retards de l'essieu,
Les détours imprévus des pentes variées,
Un ami rencontré, les heures oubliées,
L'espoir d'arriver tard dans un sauvage lieu.

120 La distance et le temps sont vaincus. La science
Trace autour de la terre un chemin triste et droit.
Le Monde est rétréci par notre expérience
Et l'équateur n'est plus qu'un anneau trop étroit.
Plus de hasard. Chacun glissera sur sa ligne
125 Immobile au seul rang que le départ assigne,
Plongé dans un calcul silencieux et froid.

Jamais la Rêverie amoureuse et paisible
N'y verra sans horreur son pied blanc attaché ;
Car il faut que ses yeux sur chaque objet visible
130 Versent un long regard, comme un fleuve épanché,
Qu'elle interroge tout avec inquiétude,
Et, des secrets divins se faisant une étude,
Marche, s'arrête et marche avec le col penché.

II

Poésie ! ô trésor ! perle de la pensée !
135 Les tumultes du cœur, comme ceux de la mer,
Ne sauraient empêcher ta robe nuancée
D'amasser les couleurs qui doivent te former.

---

1. pavés en feu : en frappant les pavés, les fers du cheval produisent des étincelles.

Mais sitôt qu'il te voit briller sur un front mâle,
Troublé de ta lueur mystérieuse et pâle,
140 Le vulgaire effrayé commence à blasphémer.

Le pur enthousiasme est craint des faibles âmes
Qui ne sauraient porter son ardeur et son poids.
Pourquoi le fuir ? — La vie est double dans les flammes[1].
D'autres flambeaux divins nous brûlent quelquefois :
145 C'est le Soleil du ciel, c'est l'Amour, c'est la Vie ;
Mais qui de les éteindre a jamais eu l'envie ?
Tout en les maudissant, on les chérit tous trois.

La Muse[2] a mérité les insolents sourires
Et les soupçons moqueurs qu'éveille son aspect.
150 Dès que son œil chercha le regard des satyres[3],
Sa parole trembla, son serment fut suspect,
Il lui fut interdit d'enseigner la sagesse.
Au passant du chemin elle criait : « Largesse ! »
Le passant lui donna sans crainte et sans respect.

155 Ah ! fille sans pudeur, fille du saint Orphée[4],
Que n'as-tu conservé ta belle gravité !
Tu n'irais pas ainsi, d'une voix étouffée,
Chanter aux carrefours impurs de la cité ;
Tu n'aurais pas collé sur le coin de ta bouche
160 Le coquet madrigal[5], piquant comme une mouche,
Et, près de ton œil bleu, l'équivoque effronté.

---

1. La vie est double dans les flammes : la vie de souffrances du poète lui permet de vivre plus intensément, doublement.
2. Muse : divinité mythologique inspiratrice d'un art ; ici, la Poésie.
3. satyres : divinités de la mythologie grecque dont le corps d'apparence humaine est pourvu de pieds et de cornes de bouc. Les satyres, compagnons du dieu Pan, pourchassaient sans relâche les nymphes auxquelles ils s'accouplaient, actes symbolisant la multiple fécondité de la Nature.
4. Orphée : personnage mythique de la Grèce antique. Son chant (chez les Grecs, la poésie était toujours chantée) charmait dieux, hommes, bêtes et jusqu'aux objets inanimés. À la mort de sa femme Eurydice, Orphée alla la réclamer aux Enfers, charmant de son chant ceux qui tentaient de lui barrer la route. Au retour, Eurydice le suivait, mais il lui était interdit de la regarder. Lorsqu'enfin il fut dans la lumière, trop heureux, il se retourna, mais comme Eurydice n'était pas encore sortie de l'Ombre, elle y retourna pour toujours.
5. madrigal : pièce vocale polyphonique par laquelle l'amour est célébré.

Tu tombas dès l'enfance et, dans la folle Grèce[1],
Un vieillard[2], t'enivrant de son baiser jaloux,
Releva le premier ta robe de prêtresse,
165   Et parmi les garçons t'assit sur ses genoux.

De ce baiser mordant ton front porte la trace ;
Tu chantas en buvant dans les banquets d'Horace[3]
Et Voltaire[4] à la cour te traîna devant nous.

Vestale[5] aux feux éteints ! les hommes les plus graves
170   Ne posent qu'à demi ta couronne à leur front ;
Ils se croient arrêtés, marchant dans tes entraves,
Et n'être que poète est pour eux un affront[6].

Ils jettent leurs pensers[7] aux vents de la tribune
Et ces vents, aveuglés comme l'est la Fortune[8],
175   Les rouleront comme elle et les emporteront.

Ils sont fiers et hautains dans leur fausse attitude,
Mais le sol tremble aux pieds de ces tribuns[9] romains.
Leurs discours passagers flattent avec étude
La foule qui les presse et qui leur bat des mains ;
180   Toujours renouvelé sous ses étroits portiques,

---

1. folle Grèce : la Grèce antique, berceau de la poésie occidentale. Ici, « folle » a un sens ironique.
2. vieillard : probablement Homère, le plus ancien poète grec, dont l'*Odyssée* compte certains passages considérés comme licencieux par le xixe siècle.
3. Horace (65-8 av. J.-C.). Poète de l'Antiquité, auteur des *Odes*. Il y vante le mode de vie rustique, selon lui favorable au bonheur. L'homme doit se saisir du bonheur dans l'instant présent, par le simple fait de vivre. La célèbre maxime *Carpe diem* (Cueille le jour) résume en partie cette pensée.
4. Voltaire (1694-1778). Philosophe français et auteur de tragédies en vers, imitant les œuvres de l'Antiquité, auxquelles il est ici fait allusion.
5. Vestale : prêtresse dont la fonction était d'entretenir un brasier sacré près des idoles d'un temple. Ici, Vigny sous-entend que les dieux de la poésie sont morts.
6. pour eux un affront : allusion à Lamartine qui s'enorgueillissait de faire de la politique et de ne plus être qu'un simple poète.
7. pensers : pensées (littéraire).
8. Fortune : divinité antique représentée les yeux bandés, debout sur une roue (la Roue de la Fortune) et tenant la Corne d'abondance.
9. tribuns : dans l'Antiquité, magistrats romains. Par extension, tout orateur ou politicien qui entend défendre (seulement en apparence) les intérêts du peuple.

Ce parterre[1] ne jette aux acteurs politiques
Que des fleurs sans parfums, souvent sans lendemains.

Ils ont pour horizon leur salle de spectacle ;
La chambre où ces élus donnent leurs faux combats
185 Jette en vain, dans son temple, un incertain oracle[2],
Le peuple entend de loin le bruit de leurs débats ;
Mais il regarde encor le jeu des assemblées
De l'œil dont ses enfants et ses femmes troublées
Voient le terrible essai des vapeurs aux cent bras[3].

190 L'ombrageux paysan gronde à voir qu'on dételle,
Et que pour le scrutin on quitte le labour.
Cependant le dédain de la chose immortelle[4]
Tient jusqu'au fond du cœur quelque avocat d'un jour.
Lui qui doute de l'âme, il croit à ses paroles.
195 Poésie, il se rit de tes graves symboles,
Ô toi des vrais penseurs impérissable amour !

Comment se garderaient les profondes pensées
Sans rassembler leurs feux dans ton diamant pur
Qui conserve si bien leurs splendeurs condensées ?
200 Ce fin miroir solide, étincelant et dur,
Reste des nations mortes, durable pierre
Qu'on trouve sous ses pieds lorsque dans la poussière
On cherche les cités sans en voir un seul mur.

Diamant sans rival, que tes feux illuminent
205 Les pas lents et tardifs de l'humaine Raison[5] !
Il faut, pour voir de loin les peuples qui cheminent,
Que le Berger t'enchâsse au toit de sa maison.

---

1. parterre : partie de la salle de spectacle en contrebas de la scène.
2. oracle : prophétie ou réponse des dieux à une question posée. Par extension, toute parole qui entend prédire l'avenir.
3. vapeurs aux cent bras : les machines. Déjà, au XIXᵉ siècle, leur développement inquiétait les ouvriers qu'elles menaçaient de supplanter.
4. chose immortelle : la poésie.
5. humaine Raison : la politique ou toute pensée matérialiste.

Le jour n'est pas levé. — Nous en sommes encore
Au premier rayon blanc qui précède l'aurore
210   Et dessine la terre aux bords de l'horizon.

Les peuples tout enfants à peine se découvrent
Par-dessus les buissons nés pendant leur sommeil,
Et leur main, à travers les ronces qu'ils entr'ouvrent,
Met aux coups mutuels le premier appareil[1].
215   — La barbarie encor tient nos pieds dans sa gaîne.
Le marbre des vieux temps jusqu'aux reins nous enchaîne,
Et tout homme énergique au dieu Terme est pareil[2].

Mais notre esprit rapide en mouvements abonde :
Ouvrons tout l'arsenal de ses puissants ressorts.
220   L'Invisible est réel. Les âmes ont leur monde
Où sont accumulés d'impalpables trésors.
Le Seigneur contient tout dans ses deux bras immenses,
Son Verbe[3] est le séjour de nos intelligences,
Comme ici-bas l'espace est celui de nos corps.

III

225   Éva, qui donc es-tu ? Sais-tu bien ta nature ?
Sais-tu quel est ici ton but et ton devoir ?
Sais-tu que, pour punir l'homme, sa créature,
D'avoir porté la main sur l'arbre du savoir,
Dieu permit qu'avant tout, de l'amour de soi-même
230   En tout temps, à tout âge, il fît son bien suprême,
Tourmenté de s'aimer, tourmenté de se voir ?

Mais si Dieu près de lui t'a voulu mettre, ô femme !
Compagne délicate ! Éva ! sais-tu pourquoi ?
C'est pour qu'il se regarde au miroir d'une autre âme,

---

1. premier appareil : pansement.
2. au dieu Terme est pareil : est entravé dans sa volonté comme le dieu Terme que les Romains utilisaient pour borner leur propriété. Les pierres, enfoncées dans le sol, laissaient émerger le buste de la divinité protectrice.
3. Son Verbe : la Sagesse de Dieu.

235   Qu'il entende ce chant qui ne vient que de toi :
      — L'enthousiasme pur[1] dans une voix suave.
      C'est afin que tu sois son juge et son esclave
      Et règnes sur sa vie en vivant sous sa loi.

      Ta parole joyeuse a des mots despotiques ;
240   Tes yeux sont si puissants, ton aspect est si fort,
      Que les rois d'Orient ont dit dans leurs cantiques[2]
      Ton regard redoutable à l'égal de la mort ;
      Chacun cherche à fléchir tes jugements rapides…
      — Mais ton cœur, qui dément tes formes[3] intrépides,
245   Cède sans coup férir aux rudesses du sort.

      Ta pensée a des bonds comme ceux des gazelles,
      Mais ne saurait marcher sans guide et sans appui.
      Le sol meurtrit ses pieds, l'air fatigue ses ailes,
      Son œil se ferme au jour dès que le jour a lui ;
250   Parfois sur les hauts lieux[4] d'un seul élan posée,
      Troublée au bruit des vents, ta mobile pensée
      Ne peut seule y veiller sans crainte et sans ennui.

      Mais aussi tu n'as rien de nos lâches prudences,
      Ton cœur vibre et résonne au cri de l'opprimé,
255   Comme dans une église aux austères silences[5]
      L'orgue entend un soupir et soupire alarmé.
      Tes paroles de feu meuvent les multitudes,
      Tes pleurs lavent l'injure[6] et les ingratitudes,
      Tu pousses par le bras l'homme… Il se lève armé[7].

---

1. enthousiasme pur : la poésie, dont la source est l'amour.
2. cantiques : allusion au *Cantique des Cantiques*, livre biblique sur l'amour.
3. formes : façons d'agir, de parler, d'être.
4. hauts lieux : spéculations de l'esprit.
5. austères silences : la Nature, lieu du silence. Rappel du vers 29.
6. injure : injustice.
7. Il se lève armé : il se lève armé contre l'infortune et l'injustice.

260 C'est à toi qu'il convient d'ouïr les grandes plaintes
Que l'humanité triste exhale sourdement.
Quand le cœur est gonflé d'indignations saintes,
L'air des cités l'étouffe à chaque battement.
Mais de loin[1] les soupirs des tourmentes civiles,
265 S'unissant au-dessus du charbon noir des villes,
Ne forment qu'un grand mot[2] qu'on entend clairement.

Viens donc! le ciel pour moi n'est plus qu'une auréole
Qui t'entoure d'azur, t'éclaire et te défend;
La montagne est ton temple et le bois sa coupole,
270 L'oiseau n'est sur la fleur balancé par le vent,
Et la fleur ne parfume et l'oiseau ne soupire
Que pour mieux enchanter l'air que ton sein respire;
La terre est le tapis de tes beaux pieds d'enfant.

Éva, j'aimerai tout dans les choses créées,
275 Je les contemplerai dans ton regard rêveur
Qui partout répandra ses flammes colorées,
Son repos gracieux, sa magique saveur:
Sur mon cœur déchiré viens poser ta main pure,
Ne me laisse jamais seul avec la Nature,
280 Car je la connais trop pour n'en pas avoir peur.

Elle me dit: « Je suis l'impassible théâtre
Que ne peut remuer le pied de ses acteurs;
Mes marches d'émeraude et mes parvis d'albâtre[3],
Mes colonnes de marbre ont les dieux pour sculpteurs.
285 Je n'entends ni vos cris ni vos soupirs; à peine
Je sens passer sur moi la comédie humaine[4]
Qui cherche en vain au ciel ses muets spectateurs,

---

1. de loin: Éva peut mieux prendre pitié des hommes, *de loin*, retirée à la campagne, que distraite par le tourbillon de la vie mondaine.
2. grand mot: il ne s'agit pas d'un mot en particulier, mais de la clameur de souffrances et de mort qui s'élève de la civilisation urbaine.
3. albâtre: variété de gypse très blanc; ici, objet d'une blancheur éclatante.
4. comédie humaine: les relations sociales et vaniteuses des humains.

« Je roule avec dédain, sans voir et sans entendre,
À côté des fourmis les populations ;
290   Je ne distingue pas leur terrier de leur cendre,
J'ignore en les portant les noms des nations.
On me dit une mère et je suis une tombe.
Mon hiver prend vos morts comme son hécatombe[1],
Mon printemps ne sent pas vos adorations.

295   « Avant vous, j'étais belle et toujours parfumée,
J'abandonnais au vent mes cheveux tout entiers,
Je suivais dans les cieux ma route accoutumée
Sur l'axe harmonieux des divins balanciers.
Après vous, traversant l'espace où tout s'élance,
300   J'irai seule et sereine, en un chaste silence
Je fendrai l'air du front et de mes seins altiers. »

C'est là ce que me dit sa voix triste et superbe[2],
Et dans mon cœur alors je la hais, et je vois
Notre sang dans son onde et nos morts sous son herbe
305   Nourrissant de leurs sucs la racine des bois.
Et je dis à mes yeux qui lui trouvaient des charmes :
« Ailleurs tous vos regards, ailleurs toutes vos larmes,
Aimez ce que jamais on ne verra deux fois. »

Oh ! qui verra deux fois ta grâce et ta tendresse,
310   Ange doux et plaintif qui parle en soupirant ?
Qui naîtra comme toi portant une caresse
Dans chaque éclair tombé de ton regard mourant,
Dans les balancements de ta tête penchée,
Dans ta taille dolente et mollement couchée
315   Et dans ton pur sourire amoureux et souffrant ?

---

1. hécatombe : dans l'Antiquité, sacrifice de cent bœufs à un dieu. Ici, un massacre, un grand nombre de morts.
2. superbe : orgueilleuse.

Vivez, froide Nature, et revivez sans cesse
Sous vos pieds, sur nos fronts, puisque c'est votre loi ;
Vivez, et dédaignez, si vous êtes déesse,
L'Homme, humble passager, qui dut vous être un roi ;
320   Plus que tout votre règne et que ses splendeurs vaines
J'aime la majesté des souffrances humaines,
Vous ne recevrez pas un cri d'amour de moi.

Mais toi, ne veux-tu pas, voyageuse indolente,
Rêver sur mon épaule, en y posant ton front ?
325   Viens du paisible seuil de la maison roulante
Voir ceux qui sont passés et ceux qui passeront.
Tous les tableaux humains qu'un Esprit pur m'apporte
S'animeront pour toi, quand devant notre porte
Les grands pays muets longuement s'étendront.

330   Nous marcherons ainsi, ne laissant que notre ombre
Sur cette terre ingrate où les morts ont passé ;
Nous nous parlerons d'eux à l'heure où tout est sombre,
Où tu te plais à suivre un chemin effacé,
À rêver, appuyée aux branches incertaines,
335   Pleurant comme Diane[1] au bord de ses fontaines,
Ton amour taciturne et toujours menacé.

(*Les Destinées*, *Poèmes philosophiques*, 1844)

---

1. Diane : aussi appelée Artémis. Déesse associée à la lune, la chasse, la chasteté et la mort des femmes.

LA MORT DU LOUP

I

Les nuages couraient sur la lune enflammée
Comme sur l'incendie on voit fuir la fumée,
Et les bois étaient noirs jusques à l'horizon.
4   Nous marchions, sans parler, dans l'humide gazon,
Dans la bruyère épaisse et dans les hautes brandes[1],
Lorsque, sous des sapins pareils à ceux des Landes[2],
Nous avons aperçu les grands ongles marqués
8   Par les Loups voyageurs que nous avions traqués.
Nous avons écouté, retenant notre haleine
Et le pas suspendu. — Ni le bois ni la plaine
Ne poussaient un soupir dans les airs ; seulement
12 La girouette en deuil criait au firmament ;
Car le vent, élevé bien au-dessus des terres,
N'effleurait de ses pieds que les tours solitaires,
Et les chênes d'en bas, contre les rocs penchés,
16 Sur leurs coudes semblaient endormis et couchés.
Rien ne bruissait donc, lorsque, baissant la tête,
Le plus vieux des chasseurs qui s'étaient mis en quête
A regardé le sable en s'y couchant ; bientôt,
20 Lui que jamais ici l'on ne vit en défaut,
A déclaré tout bas que ces marques récentes
Annonçaient la démarche et les griffes puissantes
De deux grands Loups-cerviers[3] et de deux Louveteaux.
24 Nous avons tous alors préparé nos couteaux
Et, cachant nos fusils et leurs lueurs trop blanches,
Nous allions, pas à pas, en écartant les branches.

---

1. brandes : plantes sèches, variétés de bruyère.
2. Landes : région au sol maigre où ne poussent que certaines plantes. Avec la majuscule, « Landes » désigne plus précisément une vaste région française du Sud-Ouest.
3. Loups-cerviers : lynx. Ici, loups particulièrement féroces. L'emploi des majuscules se justifie ici par le souci du poète de considérer ces animaux à l'égal de l'homme. (Voir, plus loin, le premier vers de la section III.)

Trois s'arrêtent, et moi, cherchant ce qu'ils voyaient,
28   J'aperçois tout à coup deux yeux qui flamboyaient,
Et je vois au – delà quatre formes légères[1]
Qui dansaient sous la lune au milieu des bruyères,
Comme font chaque jour, à grand bruit, sous nos yeux,
32   Quand le maître revient, les lévriers joyeux.
Leur forme était semblable et semblable la danse ;
Mais les enfants du Loup se jouaient[2] en silence,
Sachant bien qu'à deux pas, ne dormant qu'à demi,
36   Se couche dans ses murs l'homme, leur ennemi.
Le père était debout, et plus loin, contre un arbre,
Sa Louve reposait comme celle de marbre
Qu'adoraient les Romains, et dont les flancs velus
40   Couvaient les demi-dieux Rémus et Romulus[3].
Le Loup vient et s'assied, les deux jambes dressées
Par leurs ongles crochus dans le sable enfoncées.
Il s'est jugé perdu, puisqu'il était surpris,
44   Sa retraite coupée et tous ses chemins pris.
Alors il a saisi, dans sa gueule brûlante,
Du chien le plus hardi la gorge pantelante
Et n'a pas desserré ses mâchoires de fer,
48   Malgré nos coups de feu qui traversaient sa chair
Et nos couteaux aigus qui, comme des tenailles,
Se croisaient en plongeant dans ses larges entrailles,
Jusqu'au dernier moment où le chien étranglé,
52   Mort longtemps avant lui, sous ses pieds a roulé.
Le Loup le quitte alors et puis il nous regarde.
Les couteaux lui restaient au flanc jusqu'à la garde,
Le clouaient au gazon tout baigné dans son sang ;
56   Nos fusils l'entouraient en sinistre croissant.

---

1. quatre formes légères : les deux louveteaux et leurs ombres éclairés par la lune.
2. se jouaient : jouaient.
3. Rémus et Romulus : fils de Mars, abandonnés au Tibre (fleuve du centre de l'Italie) et emportés par les eaux au pied du mont Palatin, qui survécurent grâce aux soins d'une louve qui les allaita. Ce récit mythologique tente d'expliquer la fondation de Rome.

Il nous regarde encore, ensuite il se recouche
Tout en léchant le sang répandu sur sa bouche,
Et, sans daigner savoir comment il a péri,
60   Refermant ses grands yeux, meurt sans jeter un cri.

II

J'ai reposé mon front sur mon fusil sans poudre,
Me prenant à penser, et n'ai pu me résoudre
À poursuivre sa Louve et ses fils qui, tous trois,
64   Avaient voulu l'attendre, et, comme je le crois,
Sans ses deux Louveteaux la belle et sombre veuve
Ne l'eût pas laissé seul subir la grande épreuve ;
Mais son devoir était de les sauver, afin
68   De pouvoir leur apprendre à bien souffrir la faim,
À ne jamais entrer dans le pacte des villes
Que l'homme a fait avec les animaux serviles[1]
Qui chassent devant lui, pour avoir le coucher,
72   Les premiers possesseurs du bois et du rocher.

III

Hélas ! ai-je pensé, malgré ce grand nom d'Hommes,
Que j'ai honte de nous, débiles que nous sommes !
Comment on doit quitter la vie et tous ses maux,
76   C'est vous qui le savez, sublimes animaux !
À voir ce que l'on fut sur terre et ce qu'on laisse,
Seul le silence est grand ; tout le reste est faiblesse.
Ah ! je t'ai bien compris, sauvage voyageur,
80   Et ton dernier regard m'est allé jusqu'au cœur.
Il disait : « Si tu peux, fais que ton âme arrive,
À force de rester studieuse et pensive,
Jusqu'à ce haut degré de stoïque fierté[2]

---

1. animaux serviles : les chiens.
2. stoïque fierté : attitude hautaine et sans peur devant les souffrances et la mort.

84   Où, naissant dans les bois, j'ai tout d'abord monté.
        Gémir, pleurer, prier est également lâche.
        Fais énergiquement ta longue et lourde tâche
        Dans la voie où le Sort a voulu t'appeler.
88   Puis après, comme moi, souffre et meurs sans parler. »

(Les Destinées, Poèmes philosophiques, 1843)

PAGE DE TITRE AVEC VIGNETTE DE LOUIS BOULANGER.

LES DJINNS[1]

E come i gru van cantando lor lai
Facendo in aer di se lunga riga,
Cosi vid'io venir traendo guai
Ombre portate dalla detta briga.[2]
— Dante[3]

Murs, ville,
Et port,
Asile
4   De Mort,
Mer grise
Où brise
La brise[4],
8   Tout dort.

Dans la plaine
Naît un bruit.
C'est l'haleine
12   De la nuit.
Elle brame[5]
Comme une âme
Qu'une flamme[6]
16   Toujours suit.

La voix plus haute
Semble un grelot.
D'un nain qui saute

---

1. Djinns : génies, esprits de la nuit (définition de Victor Hugo).
2. Et comme les grues, chantant leur lai,/ Se forment en longue file dans l'air,/ Ainsi je vis venir, traînant leurs plaintes,/ Les ombres emportées par la tempête. (*La Divine Comédie*, *L'Enfer*, Chant V, vers 46-49.)
3. Dante (1265-1321). Poète italien. Son chef-d'œuvre, *La Divine Comédie*, narre la quête spirituelle du Poète qui franchit successivement l'*Enfer*, le *Purgatoire* et le *Paradis* pour en arriver à la contemplation de Dieu.
4. brise : la vague. Au vers précédent, « brise » est un verbe et signifie « heurter mollement ».
5. brame : cri du cerf ou du daim. Ici, rumeur sauvage issue de la nuit.
6. flamme : phosphorescence entourant une âme défunte. Feux follets.

20   C'est le galop.
Il fuit, s'élance,
Puis en cadence
Sur un pied danse
24   Au bout d'un flot.

La rumeur approche.
L'écho la redit.
C'est comme la cloche
28   D'un couvent maudit ;
Comme un bruit de foule,
Qui tonne et qui roule,
Et tantôt s'écroule,
32   Et tantôt grandit.

Dieu ! la voix sépulcrale
Des Djinns !… Quel bruit ils font !
Fuyons sous la spirale
36   De l'escalier profond.
Déjà s'éteint ma lampe,
Et l'ombre de la rampe,
Qui le long du mur rampe,
40   Monte jusqu'au plafond.

C'est l'essaim des Djinns qui passe,
Et tourbillonne en sifflant !
Les ifs, que leur vol fracasse,
44   Craquent comme un pin brûlant.
Leur troupeau, lourd et rapide,
Volant dans l'espace vide,
Semble un nuage livide
48   Qui porte un éclair au flanc.

Ils sont tout près ! — Tenons fermée
Cette salle, où nous les narguons.
Quel bruit dehors ! Hideuse armée
52   De vampires et de dragons !
La poutre du toit descellée
Ploie ainsi qu'une herbe mouillée,

Et la vieille porte rouillée
56   Tremble, à déraciner ses gonds !

Cris de l'enfer ! voix qui hurle et qui pleure !
L'horrible essaim, poussé par l'aquilon[1],
Sans doute, ô ciel ! s'abat sur ma demeure.
60   Le mur fléchit sous le noir bataillon.
La maison crie et chancelle penchée,
Et l'on dirait que, du sol arrachée,
Ainsi qu'il chasse une feuille séchée,
64   Le vent la roule avec leur tourbillon !

Prophète[2] ! si ta main me sauve
De ces impurs démons des soirs,
J'irai prosterner mon front chauve
68   Devant tes sacrés encensoirs !
Fais que sur ces portes fidèles
Meure leur souffle d'étincelles,
Et qu'en vain l'ongle de leurs ailes
72   Grince et crie à ces vitraux noirs !

Ils sont passés ! — Leur cohorte
S'envole, et fuit, et leurs pieds
Cessent de battre ma porte
76   De leurs coups multipliés.
L'air est plein d'un bruit de chaînes,
Et dans les forêts prochaines
Frissonnent tous les grands chênes,
80   Sous leur vol de feu pliés !

De leurs ailes lointaines
Le battement décroît,
Si confus dans les plaines,
84   Si faible, que l'on croit
Ouïr la sauterelle
Crier d'une voix grêle,

---

1. aquilon : vent du nord.
2. Prophète : Mahomet, prophète élu de Dieu pour les Musulmans.

Ou pétiller la grêle
88   Sur le plomb d'un vieux toit.

D'étranges syllabes
Nous viennent encor ;
Ainsi, des Arabes
92   Quand sonne le cor,
Un chant sur la grève
Par instants s'élève,
Et l'enfant qui rêve
96   Fait des rêves d'or.

Les Djinns funèbres,
Fils du trépas,
Dans les ténèbres
100   Pressent leurs pas ;
Leur essaim gronde :
Ainsi, profonde,
Murmure une onde
104   Qu'on ne voit pas.

Ce bruit vague,
Qui s'endort,
C'est la vague
108   Sur le bord ;
C'est la plainte,
Presque éteinte,
D'une sainte
112   Pour un mort.

On doute
La nuit…
J'écoute : —
116   Tout fuit,
Tout passe ;
L'espace
Efface
120   Le bruit.

(*Les Orientales*, 27, 28 août 1828)

RÊVERIE

Lo giomo se n'andava, e l'aer bruno
Tugliera gli animai che sono 'n tema,
Dalle Fatiche loro.[1]

— Dante[2]

Oh ! laissez-moi ! c'est l'heure où l'horizon qui fume
Cache un front inégal sous un cercle de brume,
3   L'heure où l'astre géant rougit et disparaît.
Le grand bois jaunissant dore seul la colline.
On dirait qu'en ces jours où l'automne décline,
6   Le soleil et la pluie ont rouillé la forêt.

Oh ! qui fera surgir soudain, qui fera naître,
Là-bas, — tandis que seul je rêve à la fenêtre
9   Et que l'ombre s'amasse au fond du corridor, —
Quelque ville mauresque[3], éclatante, inouïe,
Qui, comme la fusée en gerbe épanouie,
12   Déchire ce brouillard avec ses flèches d'or !

Qu'elle vienne inspirer, ranimer, ô génies,
Mes chansons, comme un ciel d'automne rembrunies,
15   Et jeter dans mes yeux son magique reflet,
Et longtemps, s'éteignant en rumeurs étouffées,
Avec les mille tours de ses palais de fées,
18   Brumeuse, denteler l'horizon violet !

(*Les Orientales*, 36, 5 septembre 1828)

---

1. Le jour déclinait, et le ciel assombri/ Calmait les peines des vivants sur terre (*La Divine Comédie*, *L'Enfer*, Chant II, vers 1-6).
2. Dante (1265-1321). Poète italien. Son chef-d'œuvre, *La Divine Comédie*, narre la quête spirituelle du Poète qui franchit successivement l'*Enfer*, le *Purgatoire* et le *Paradis* pour en arriver à la contemplation de Dieu.
3. ville mauresque : ville des Maures, peuple nomade, métissé de Berbères, d'Arabes et de Noirs, se déplaçant dans les régions au nord de l'Afrique.

EXTASE

J'étais seul près des flots, par une nuit d'étoiles.
Pas un nuage aux cieux, sur les mers pas de voiles.
3   Mes yeux plongeaient plus loin que le monde réel.
Et les bois, et les monts, et toute la nature,
Semblaient interroger dans un confus murmure
6   Les flots des mers, les feux du ciel.

Et les étoiles d'or, légions[1] infinies,
À voix haute, à voix basse, avec mille harmonies,
9   Disaient, en inclinant leurs couronnes de feu ;
Et les flots bleus, que rien ne gouverne et n'arrête,
Disaient, en recourbant l'écume de leur crête :
12   — C'est le Seigneur ! le Seigneur Dieu !

(Les Orientales, 37, 25 novembre 1828)

---

1. légions : un grand nombre.

À UNE FEMME

> *C'est une âme charmante.*
> – Diderot[1]

Enfant[2]! si j'étais roi, je donnerais l'empire,
Et mon char, et mon sceptre, et mon peuple à genoux,
Et ma couronne d'or, et mes bains de porphyre[3],
Et mes flottes[4] à qui la mer ne peut suffire,
5   Pour un regard de vous!

Si j'étais Dieu, la terre et l'air avec les ondes[5],
Les anges, les démons courbés devant ma loi,
Et le profond chaos aux entrailles fécondes,
L'éternité, l'espace, et les cieux, et les mondes,
10   Pour un baiser de toi!

(*Les Feuilles d'automne*, 22, 8 mai 1829)

---

1. Diderot (1713-1784). Philosophe français. Directeur de l'*Encyclopédie*, le premier ouvrage du genre, il est l'auteur de romans et de contes moraux où sont illustrés avec acuité l'amour et ses désordres, en évitant de recourir aux préceptes de la religion.
2. Enfant: apostrophe destinée à la femme aimée.
3. porphyre: pierre rouge foncé mêlée de cristaux blancs s'apparentant au marbre.
4. flottes: tous les vaisseaux d'une armée navale.
5. ondes: eaux.

SUR LE BAL DE L'HÔTEL DE VILLE

Ainsi l'hôtel de ville illumine son faîte[1].
Le prince et les flambeaux, tout y brille, et la fête
Ce soir va resplendir sur ce comble[2] éclairé,
4   Comme l'idée au front du poète sacré.
Mais cette fête, amis, n'est pas une pensée.
Ce n'est pas d'un banquet que la France est pressée,
Et ce n'est pas un bal qu'il faut, en vérité,
8   À ce tas de douleurs qu'on nomme la cité !

Puissants ! nous ferions mieux de panser quelque plaie
Dont le sage rêveur[3] à cette heure s'effraie,
D'étayer[4] l'escalier qui d'en bas monte en haut,
12   D'agrandir l'atelier, d'amoindrir l'échafaud,
De songer aux enfants qui sont sans pain dans l'ombre,
De rendre un paradis au pauvre impie et sombre,
Que d'allumer un lustre et de tenir la nuit
16   Quelques fous éveillés autour d'un peu de bruit !

Ô reines de nos toits, femmes chastes et saintes,
Fleurs qui de nos maisons parfumez les enceintes,
Vous à qui le bonheur conseille la vertu,
20   Vous qui contre le mal n'avez pas combattu,
À qui jamais la faim, empoisonneuse infâme,
N'a dit : Vends-moi ton corps, — c'est-à-dire votre âme,
Vous dont le cœur de joie et d'innocence est plein,
24   Dont la pudeur a plus d'enveloppes de lin

---

1. faîte : partie la plus élevée du bâtiment.
2. comble : structure soutenant le toit et, sous celle-ci, espace aménagé.
3. sage rêveur : le poète.
4. étayer : soutenir, consolider.

Que n'en avait Isis[1], la déesse voilée,
Cette fête est pour vous comme une aube étoilée!
Vous riez d'y courir tandis qu'on souffre ailleurs!

28 C'est que votre belle âme ignore les douleurs;
Le hasard vous posa dans la sphère suprême;
Vous vivez, vous brillez, vous ne voyez pas même,
Tant vos yeux éblouis de rayons sont noyés,

32 Ce qu'au-dessous de vous dans l'ombre on foule aux pieds.

Oui, c'est ainsi. — Le prince, et le riche, et le monde
Cherche à vous réjouir, vous pour qui tout abonde.
Vous avez la beauté, vous avez l'ornement;

36 La fête vous enivre à son bourdonnement,
Et, comme à la lumière un papillon de soie,
Vous volez à la porte ouverte qui flamboie!
Vous allez à ce bal, et vous ne songez pas

40 Que parmi ces passants amassés sur vos pas,
En foule émerveillés des chars et des livrées,
D'autres femmes sont là, non moins que vous parées,
Qu'on farde et qu'on expose à vendre au carrefour;

44 Spectres où saigne encor la place de l'amour;
Comme vous pour le bal, belles et demi-nues;
Pour vous voir au passage, hélas! exprès venues,
Voilant leur deuil affreux d'un sourire moqueur,

48 Les fleurs au front, la boue aux pieds, la haine au cœur.

(*Les Chants du crépuscule*, 6, mai 1833)

---

1. Isis: divinité égyptienne de la vie et de la mort. Mère universelle et origine de toutes les déesses, elle apparaissait voilée à ses disciples. Elle était associée à la lune. Son culte gagna l'Occident et ne céda qu'au christianisme.

TRISTESSE D'OLYMPIO[1]

Les champs n'étaient point noirs, les cieux n'étaient pas mornes.
Non, le jour rayonnait dans un azur sans bornes
3   Sur la terre étendu,
L'air était plein d'encens[2] et les prés de verdures
Quand il revit ces lieux où par tant de blessures
6   Son cœur s'est répandu !

L'automne souriait ; les coteaux vers la plaine
Penchaient leurs bois charmants qui jaunissaient à peine ;
9   Le ciel était doré ;
Et les oiseaux, tournés vers celui que tout nomme,
Disant peut-être à Dieu quelque chose de l'homme,
12   Chantaient leur chant sacré !

Il voulut tout revoir, l'étang près de la source,
La masure où l'aumône avait vidé leur bourse,
15   Le vieux frêne plié,
Les retraites d'amour au fond des bois perdues,
L'arbre où dans les baisers leurs âmes confondues
18   Avaient tout oublié !

Il chercha le jardin, la maison isolée,
La grille d'où l'œil plonge en une oblique allée,
21   Les vergers en talus.
Pâle, il marchait. — Au bruit de son pas grave et sombre,
Il voyait à chaque arbre, hélas ! se dresser l'ombre
24   Des jours qui ne sont plus !

Il entendait frémir dans la forêt qu'il aime
Ce doux vent qui, faisant tout vibrer en nous-même,
27   Y réveille l'amour,

---

1. Olympio : double imaginaire de Victor Hugo.
2. encens : l'odeur des fleurs et des herbes. Connotation religieuse.

Et, remuant le chêne ou balançant la rose,
Semble l'âme de tout qui va sur chaque chose
30   Se poser tour à tour !

Les feuilles qui gisaient dans le bois solitaire,
S'efforçant sous ses pas de s'élever de terre,
33   Couraient dans le jardin ;
Ainsi, parfois, quand l'âme est triste, nos pensées
S'envolent un moment sur leurs ailes blessées,
36   Puis retombent soudain.

Il contempla longtemps les formes magnifiques
Que la nature prend dans les champs pacifiques ;
39   Il rêva jusqu'au soir ;
Tout le jour il erra le long de la ravine,
Admirant tour à tour le ciel, face divine,
42   Le lac, divin miroir !

Hélas ! se rappelant ses douces aventures,
Regardant, sans entrer, par-dessus les clôtures,
45   Ainsi qu'un paria[1],
Il erra tout le jour. Vers l'heure où la nuit tombe,
Il se sentit le cœur triste comme une tombe ;
48   Alors il s'écria :

« Ô douleur ! j'ai voulu, moi dont l'âme est troublée,
Savoir si l'urne[2] encor conservait la liqueur[3],
Et voir ce qu'avait fait cette heureuse vallée
52 De tout ce que j'avais laissé là de mon cœur !
« Que peu de temps suffit pour changer toutes choses !
Nature au front serein, comme vous oubliez !
Et comme vous brisez dans vos métamorphoses
56 Les fils mystérieux où nos cœurs sont liés !

---

1. paria : homme méprisé de tous.
2. urne : vase.
3. liqueur : liquide précieux.

« Nos chambres de feuillage en halliers[1] sont changées !
L'arbre où fut notre chiffre[2] est mort ou renversé ;
Nos roses dans l'enclos[3] ont été ravagées
60   Par les petits enfants qui sautent le fossé.

« Un mur clôt la fontaine où, par l'heure échauffée,
Folâtre, elle buvait en descendant des bois ;
Elle prenait de l'eau dans sa main, douce fée,
64   Et laissait retomber des perles de ses doigts !

« On a pavé la route âpre et mal aplanie,
Où, dans le sable pur se dessinant si bien,
Et de sa petitesse étalant l'ironie,
68   Son pied charmant semblait rire à côté du mien !

« La borne du chemin, qui vit des jours sans nombre,
Où jadis pour m'entendre elle aimait à s'asseoir,
S'est usée en heurtant, lorsque la route est sombre,
72   Les grands chars gémissants qui reviennent le soir[4].

« La forêt ici manque et là s'est agrandie.
De tout ce qui fut nous presque rien n'est vivant :
Et, comme un tas de cendre éteinte et refroidie,
76   L'amas des souvenirs se disperse à tout vent !

« N'existons-nous donc plus ? Avons-nous eu notre heure ?
Rien ne la rendra-t-il à nos cris superflus ?
L'air joue avec la branche au moment où je pleure ;
80   Ma maison me regarde et ne me connaît plus.

« D'autres vont maintenant passer où nous passâmes.
Nous y sommes venus, d'autres vont y venir ;
Et le songe qu'avaient ébauché nos deux âmes,
84   Ils le continueront sans pouvoir le finir !

---

1. halliers : buissons serrés et touffus.
2. chiffre : gravées sur l'écorce, les initiales entrelacées des amants.
3. enclos : petit potager jouxtant une propriété et délimité par un fossé.
4. qui reviennent le soir : revenant des champs, les charrettes grincent sous le poids de leur charge.

« Car personne ici-bas ne termine et n'achève ;
Les pires des humains sont comme les meilleurs ;
Nous nous réveillons tous au même endroit du rêve.
88   Tout commence en ce monde et tout finit ailleurs.

« Oui, d'autres à leur tour viendront, couples sans tache,
Puiser dans cet asile heureux, calme, enchanté,
Tout ce que la nature à l'amour qui se cache
92   Mêle de rêverie et de solennité !

« D'autres auront nos champs, nos sentiers, nos retraites ;
Ton bois, ma bien-aimée, est à des inconnus.
D'autres femmes viendront, baigneuses indiscrètes,
96   Troubler le flot sacré qu'ont touché tes pieds nus !

« Quoi donc ! c'est vainement qu'ici nous nous aimâmes !
Rien ne nous restera de ces coteaux fleuris
Où nous fondions notre être en y mêlant nos flammes !
100   L'impassible nature a déjà tout repris.

« Oh ! dites-moi, ravins, frais ruisseaux, treilles[1] mûres,
Rameaux chargés de nids, grottes, forêts, buissons,
Est-ce que vous ferez pour d'autres vos murmures ?
104   Est-ce que vous direz à d'autres vos chansons ?

« Nous nous comprenions tant ! Doux, attentifs, austères,
Tous nos échos s'ouvraient si bien à votre voix !
Et nous prêtions si bien, sans troubler vos mystères,
108   L'oreille aux mots profonds que vous dites parfois !

« Répondez, vallon pur, répondez, solitude[2],
Ô nature abritée en ce désert si beau,
Lorsque nous dormirons tous deux dans l'attitude
112   Que donne aux morts pensifs la forme du tombeau,

---

1. treilles : vignes qui croissent sur un support, un treillage.
2. solitude : la nature, lieu solitaire.

« Est-ce que vous serez à ce point insensible
De nous savoir couchés, morts avec nos amours,
Et de continuer votre fête paisible,
116   Et de toujours sourire et de chanter toujours ?

« Est-ce que, nous sentant errer dans vos retraites,
Fantômes reconnus par vos monts et vos bois,
Vous ne nous direz pas de ces choses secrètes
120   Qu'on dit en revoyant des amis d'autrefois ?

« Est-ce que vous pourrez, sans tristesse et sans plainte,
Voir nos ombres flotter où marchèrent nos pas,
Et la voir m'entraîner, dans une morne étreinte,
124   Vers quelque source en pleurs qui sanglote tout bas ?

« Et s'il est quelque part, dans l'ombre où rien ne veille,
Deux amants sous vos fleurs abritant leurs transports,
Ne leur irez-vous pas murmurer à l'oreille :
128   — Vous qui vivez, donnez une pensée aux morts !

« Dieu nous prête un moment les prés et les fontaines,
Les grands bois frissonnants, les rocs profonds et sourds,
Et les cieux azurés et les lacs et les plaines,
132   Pour y mettre nos cœurs, nos rêves, nos amours ;

« Puis il nous les retire. Il souffle notre flamme.
Il plonge dans la nuit l'antre[1] où nous rayonnons ;
Et dit à la vallée, où s'imprima notre âme,
136   D'effacer notre trace et d'oublier nos noms.

« Eh bien ! oubliez-nous, maison, jardin, ombrages ;
Herbe, use notre seuil ! ronce, cache nos pas !
Chantez, oiseaux ! ruisseaux, coulez ! croissez, feuillages !
140   Ceux que vous oubliez ne vous oublieront pas.

« Car vous êtes pour nous l'ombre de l'amour même,
Vous êtes l'oasis qu'on rencontre en chemin !
Vous êtes, ô vallon, la retraite suprême
144   Où nous avons pleuré nous tenant par la main !

---

1. antre : caverne, grotte, repaire ; ici, lieu sombre et mystérieux.

« Toutes les passions s'éloignent avec l'âge,
L'une emportant son masque et l'autre son couteau[1],
Comme un essaim[2] chantant d'histrions[3] en voyage
148   Dont le groupe décroît derrière le coteau.

« Mais toi, rien ne t'efface, amour ! toi qui nous charmes !
Toi qui, torche ou flambeau, luis dans notre brouillard !
Tu nous tiens par la joie, et surtout par les larmes ;
152   Jeune homme on te maudit, on t'adore vieillard.

« Dans ces jours où la tête au poids des ans s'incline,
Où l'homme, sans projets, sans but, sans visions,
Sent qu'il n'est déjà plus qu'une tombe en ruine
156   Où gisent ses vertus et ses illusions ;

« Quand notre âme en rêvant descend dans nos entrailles,
Comptant dans notre cœur, qu'enfin la glace atteint,
Comme on compte les morts sur un champ de batailles,
160   Chaque douleur tombée et chaque songe éteint,

« Comme quelqu'un qui cherche en tenant une lampe,
Loin des objets réels, loin du monde rieur,
Elle arrive à pas lents par une obscure rampe
164   Jusqu'au fond désolé du gouffre intérieur ;

« Et là, dans cette nuit qu'aucun rayon n'étoile,
L'âme, en un repli sombre où tout semble finir,
Sent quelque chose encor palpiter sous un voile…
168   C'est toi qui dors dans l'ombre, ô sacré souvenir ! »

(*Les Rayons et les Ombres*, 34, 21 octobre 1837)

---

1. L'une emportant son masque et l'autre son couteau : opposées à l'amour, les passions
   humaines (avarice, envie, orgueil…) sont associées au théâtre ; le masque symbolise la comédie
   et le couteau la tragédie.
2. essaim : groupe, assemblée.
3. histrions : acteurs, comédiens, saltimbanques (sens péjoratif).

Oceano Nox[1]

Oh! combien de marins, combien de capitaines
Qui sont partis joyeux pour des courses[2] lointaines,
3   Dans ce morne horizon se sont évanouis!
Combien ont disparu, dure et triste fortune[3]!
Dans une mer sans fond, par une nuit sans lune,
6   Sous l'aveugle océan à jamais enfouis!

Combien de patrons morts avec leurs équipages!
L'ouragan de leur vie a pris toutes les pages
9   Et d'un souffle il a tout dispersé sur les flots!
Nul ne saura leur fin dans l'abîme plongée.
Chaque vague en passant d'un butin s'est chargée;
12   L'une a saisi l'esquif[4], l'autre les matelots!

Nul ne sait votre sort, pauvres têtes perdues!
Vous roulez à travers les sombres étendues,
15   Heurtant de vos fronts morts des écueils inconnus.
Oh! que de vieux parents, qui n'avaient plus qu'un rêve[5],
Sont morts en attendant tous les jours sur la grève
18   Ceux qui ne sont pas revenus!

On s'entretient de vous parfois dans les veillées.
Maint joyeux cercle[6], assis sur des ancres rouillées,
21   Mêle encor quelque temps vos noms d'ombre couverts
Aux rires, aux refrains, aux récits d'aventures,
Aux baisers qu'on dérobe à vos belles futures,
24   Tandis que vous dormez dans les goëmons[7] verts!

---

1. *Oceano nox*: emprunté à un vers de *L'Énéide* de Virgile (poète latin, 70-19 av. J.-C.). Isolés et traduits, les mots *oceano nox* signifient «la nuit sur l'océan».
2. courses: long parcours hasardeux d'un navire.
3. fortune: sort, hasard.
4. esquif: légère embarcation; ici, le bateau paraît tout petit dans la tempête.
5. plus qu'un rêve: celui de mourir avant leurs enfants.
6. cercle: assemblée, groupe.
7. goëmons: goémons, algues marines.

On demande : — Où sont-ils ? sont-ils rois dans quelque île ?
Nous ont-ils délaissés pour un bord plus fertile ?
27 Puis votre souvenir même est enseveli.
Le corps se perd dans l'eau, le nom dans la mémoire,
Le temps, qui sur toute ombre en verse une plus noire,
30 Sur le sombre océan jette le sombre oubli.

Bientôt des yeux de tous votre ombre est disparue.
L'un n'a-t-il pas sa barque et l'autre sa charrue ?
33 Seules, durant ces nuits où l'orage est vainqueur,
Vos veuves aux fronts blancs, lasses de vous attendre,
Parlent encore de vous en remuant la cendre
36   De leur foyer et de leur cœur !

Et quand la tombe enfin a fermé leur paupière,
Rien ne sait plus vos noms, pas même une humble pierre
39 Dans l'étroit cimetière où l'écho nous répond,
Pas même un saule vert[1] qui s'effeuille à l'automne,
Pas même la chanson naïve et monotone[2]
42 Que chante un mendiant à l'angle d'un vieux pont !

Où sont-ils, les marins sombrés dans les nuits noires ?
Ô flots, que vous savez de lugubres histoires !
45 Flots profonds redoutés des mères à genoux !
Vous vous les racontez en montant les marées,
Et c'est ce qui vous fait ces voix désespérées
48 Que vous avez le soir quand vous venez vers nous !

(*Les Rayons et les Ombres*, 42, juillet 1836)

---

1. saule vert : on plantait autrefois un saule sur les tombes.
2. chanson naïve et monotone : les naufrages célèbres se voient narrer dans des
   chansons populaires.

Le Manteau impérial[1]

Oh! vous[2] dont le travail est joie,
Vous qui n'avez pas d'autre proie
3   Que les parfums, souffles du ciel,
Vous qui fuyez quand vient décembre[3],
Vous qui dérobez aux fleurs l'ambre[4]
6   Pour donner aux hommes le miel,

Chastes[5] buveuses de rosée,
Qui, pareilles à l'épousée,
9   Visitez le lys du coteau,
Ô sœurs des corolles vermeilles[6],
Filles de la lumière, abeilles,
12   Envolez-vous de ce manteau!

Ruez-vous sur l'homme, guerrières!
Ô généreuses ouvrières,
15   Vous le devoir, vous la vertu,
Ailes d'or et flèches de flamme,
Tourbillonnez sur cet infâme!
18   Dites-lui: «Pour qui nous prends-tu?

«Maudit! nous sommes les abeilles!
Des chalets ombragés de treilles[7]
21   Notre ruche orne le fronton;

---

1. Le Manteau impérial : des abeilles sont brodées au fil d'or sur le velours pourpre du manteau d'apparat de l'empereur Napoléon III.
2. vous : les abeilles.
3. décembre : l'hiver, les abeilles se réfugient dans la ruche. Ici, double sens puisque le 2 décembre 1851, à la suite d'un coup d'État, Napoléon s'arrogea le pouvoir et que le peuple n'eut aucune réaction.
4. ambre : résine fossilisée de couleur jaunâtre. Ici, le suc des fleurs est de cette couleur.
5. Chastes : seule la reine de la ruche pond des œufs.
6. vermeilles : d'un rouge vif.
7. treilles : vignes qui croissent sur un support, un treillage.

Nous volons, dans l'azur écloses[1],
Sur la bouche ouverte des roses
24   Et sur les lèvres de Platon[2].

« Ce qui sort de la fange y rentre.
Va trouver Tibère[3] en son antre
27   Et Charles neuf[4] sur son balcon.
Va ! sur ta pourpre[5] il faut qu'on mette,
Non les abeilles de l'Hymette[6],
30   Mais l'essaim noir de Montfaucon[7] ! »

Et percez-le toutes ensemble,
Faites honte au peuple qui tremble,
33   Aveuglez l'immonde trompeur,
Acharnez-vous sur lui, farouches,
Et qu'il soit chassé par les mouches
36   Puisque les hommes en ont peur !

(*Les Châtiments*, 5, III)

---

1. écloses : dans ce poème, les abeilles naissent sur les roses. Rappel du vers 10.
2. Platon (428-348 av. J.-C.). Philosophe grec. Selon une légende, pendant le sommeil du jeune Platon, des abeilles se seraient posées sur ses lèvres entrouvertes pour y recueillir le miel de ses paroles à venir.
3. Tibère (42 av. J.-C.-37 apr. J.-C.). Tyran (selon Hugo), cet empereur romain n'aimait pas la société des hommes. Il se retira à Capri, son « antre », son repaire, une île près de Naples, en 27, et envoyait des émissaires sur le continent pour y faire exécuter ses ordres.
4. Charles neuf (1550-1574). Tyran (selon Hugo), ce roi de France monte sur le trône à dix ans. Sa mère, Catherine de Médicis, assure la régence. D'après la légende, il resta sur son « balcon », hautain et indifférent, pendant la nuit de la Saint-Barthélémy, du 23 au 24 août 1572, où l'on massacra, sur son ordre, tous les protestants de Paris.
5. pourpre : rouge foncé, marque de dignité impériale. Ici, étoffe de cette couleur.
6. Hymette : mont de l'Attique, en Grèce, renommé pour ses abeilles et leur miel.
7. essaim noir de Montfaucon : Montfaucon, le gibet de Paris, situé sur une colline près du faubourg du Temple, était survolé en toute saison par un essaim (groupe) de corbeaux, car les pendus leur étaient souvent abandonnés.

STELLA[1]

Je m'étais endormi la nuit près de la grève.
Un vent frais m'éveilla, je sortis de mon rêve,
J'ouvris les yeux, je vis l'étoile du matin[2].
4   Elle resplendissait au fond du ciel lointain
Dans une blancheur molle, infinie et charmante.
Aquilon[3] s'enfuyait emportant la tourmente.
L'astre éclatant[4] changeait la nuée en duvet.
8   C'était une clarté qui pensait, qui vivait ;
Elle apaisait l'écueil où la vague déferle ;
On croyait voir une âme à travers une perle.
Il faisait nuit encor, l'ombre régnait en vain,
12   Le ciel s'illuminait d'un sourire divin.
La lueur argentait le haut du mât qui penche ;
Le navire était noir, mais la voile était blanche ;
Des goélands debout sur un escarpement,
16   Attentifs, contemplaient l'étoile gravement
Comme un oiseau céleste et fait d'une étincelle.
L'océan, qui ressemble au peuple, allait vers elle,
Et, rugissant tout bas, la regardait briller,
20   Et semblait avoir peur de la faire envoler.
Un ineffable amour emplissait l'étendue.
L'herbe verte à mes pieds frissonnait éperdue[5].
Les oiseaux se parlaient dans les nids ; une fleur
24   Qui s'éveillait me dit : c'est l'étoile ma sœur.
Et pendant qu'à longs plis l'ombre levait son voile,
J'entendis une voix qui venait de l'étoile

---

1. *Stella* : étoile.
2. étoile du matin : la planète Vénus.
3. Aquilon : vent du nord, ici, personnification du vent.
4. astre éclatant : la planète Vénus.
5. éperdue : exaltée, folle de joie, de bonheur, d'amour.

Et qui disait : — Je suis l'astre qui vient d'abord[1].

28 Je suis celle qu'on croit dans la tombe et qui sort[2].

J'ai lui sur le Sina[3], j'ai lui sur le Taygète[4] ;

Je suis le caillou d'or et de feu que Dieu jette,

Comme avec une fronde[5], au front noir de la nuit.

32 Je suis ce qui renaît quand un monde est détruit.

Ô nations ! je suis la Poésie ardente.

J'ai brillé sur Moïse[6] et j'ai brillé sur Dante[7].

Le lion[8] océan est amoureux de moi.

36 J'arrive. Levez-vous, vertu, courage, foi !

Penseurs, esprits, montez sur la tour, sentinelles !

Paupières, ouvrez-vous ! allumez-vous, prunelles !

Terre, émeus le sillon[9], vie, éveille le bruit ;

40 Debout, vous qui dormez ! — car celui qui me suit,

Car celui qui m'envoie en avant la première,

C'est l'ange Liberté, c'est le géant Lumière !

(*Les Châtiments*, 6, XV)

---

1. astre qui vient d'abord : l'étoile avant l'aube, mais aussi, en connotation, la pensée libre avant les grands bouleversements sociaux, au début des grandes périodes de l'humanité.
2. celle […] qui sort : la pensée libre qu'on a voulu étouffer et qui toujours renaît.
3. Sina : le mont Sinaï.
4. Taygète : mont près de la cité de Sparte, en Grèce, où le législateur mythique Lycurgue élabora ses lois et la Constitution de Sparte.
5. fronde : arme de jet permettant de lancer un projectile. Allusion à l'épisode biblique de David qui tua le géant Goliath avec cette arme.
6. Moïse : prophète de la Bible.
7. Dante (1265-1321). Poète italien. Son chef-d'œuvre, *La Divine Comédie*, narre la quête spirituelle du Poète qui franchit successivement l'*Enfer*, le *Purgatoire* et le *Paradis* pour en arriver à la contemplation de Dieu.
8. lion : complète « océan ».
9. émeus le sillon : sollicitation à l'ensemencement pour produire la récolte des temps heureux à venir.

LE FIRMAMENT EST PLEIN DE LA VASTE CLARTÉ...

Le firmament est plein de la vaste clarté ;
Tout est joie, innocence, espoir, bonheur, bonté.
Le beau lac brille au fond du vallon qui le mure ;
4   Le champ sera fécond, la vigne sera mûre ;
Tout regorge de sève et de vie et de bruit,
De rameaux verts, d'azur frissonnant, d'eau qui luit,
Et de petits oiseaux qui se cherchent querelle.
8   Qu'a donc le papillon ? qu'a donc la sauterelle ?
La sauterelle a l'herbe, et le papillon l'air ;
Et tous deux ont avril, qui rit dans le ciel clair.
Un refrain joyeux sort de la nature entière ;
12   Chanson qui doucement monte et devient prière.
Le poussin court, l'enfant joue et danse, l'agneau
Saute, et, laissant tomber goutte à goutte son eau,
Le vieux antre[1], attendri, pleure comme un visage ;
16   Le vent lit à quelqu'un d'invisible un passage
Du poème inouï de la création ;
L'oiseau parle au parfum ; la fleur parle au rayon ;
Les pins sur les étangs dressent leur verte ombelle[2] ;
20   Les nids ont chaud. L'azur trouve la terre belle ;
Onde et sphère ; à la fois tous les climats flottants ;
Ici l'automne, ici l'été, là le printemps.
Ô coteaux ! ô sillons ! souffles, soupirs, haleines !
24   L'hosanna[3] des forêts, des fleuves et des plaines,
S'élève gravement vers Dieu, père du jour ;
Et toutes les blancheurs sont des strophes d'amour ;
Le cygne dit : Lumière ! et le lys dit : Clémence !

---

1. antre : caverne, grotte, repaire.
2. ombelle : vient du latin *umbella* qui signifie « parasol » et qui sert à désigner, en botanique, une disposition ressemblant à un étagement en parasols, telle, ici, la ramure des pins.
3. hosanna : cri ou chant de triomphe et de joie.

28 Le ciel s'ouvre à ce chant comme une oreille immense.
Le soir vient ; et le globe à son tour s'éblouit[1],
Devient un œil énorme et regarde la nuit ;
Il savoure, éperdu, l'immensité sacrée,
32 La contemplation du splendide empyrée[2],
Les nuages de crêpe[3] et d'argent, le zénith,
Qui, formidable, brille et flamboie et bénit,
Les constellations, ces hydres[4] étoilées,
36 Les effluves[5] du sombre et du profond, mêlées
À vos effusions[6], astres de diamant,
Et toute l'ombre avec tout le rayonnement !
L'infini tout entier d'extase se soulève.
40 Et, pendant ce temps-là, Satan, l'envieux, rêve.

(*Les Contemplations*, 1, IV, avril 1840)

---

1. le globe à son tour s'éblouit : la lune qui reflète la lumière du soleil.
2. empyrée : ciel, paradis.
3. crêpe : tissu léger qu'on rend rigide par compression. De couleur noire, il symbolise le deuil.
4. hydres : animaux fabuleux, monstres marins à tentacules.
5. effluves : émanations, souffles, parfums.
6. effusions : manifestations sincères d'un sentiment.

Vere Novo[1]

Comme le matin sur les roses en pleurs !
Oh ! les charmants petits amoureux qu'ont les fleurs !
Ce n'est dans les jasmins, ce n'est dans les pervenches
4   Qu'un éblouissement de folles ailes blanches
Qui vont, viennent, s'en vont, reviennent, se fermant,
Se rouvrant, dans un vaste et doux frémissement.
Ô printemps ! quand on songe à toutes les missives
8   Qui des amants rêveurs vont aux belles pensives,
À ces cœurs confiés au papier, à ce tas
De lettres que le feutre[2] écrit au taffetas[3],
Aux messages d'amour, d'ivresse et de délire
12   Qu'on reçoit en avril et qu'en mai l'on déchire,
On croit voir s'envoler, au gré du vent joyeux,
Dans les prés, dans les bois, sur les eaux, dans les cieux,
Et rôder en tous lieux, cherchant partout une âme,
16   Et courir à la fleur en sortant de la femme[4],
Les petits morceaux blancs, chassés en tourbillons,
De tous les billets doux, devenus papillons.

(*Les Contemplations*, 1, XII, mai 1831)

---

1. *Vere novo* : emprunté à un vers des *Géorgiques* (I, 43) de Virgile (poète latin, 70-19 av. J.-C.). Isolés et traduits, les mots *vere novo* signifient « printemps nouveau ».
2. feutre : étoffe de laine ou de poil utilisée surtout pour les chapeaux masculins.
3. taffetas : étoffe, semblable à la soie, utilisée dans la confection des robes.
4. à la fleur en sortant de la femme : à la jeune fille en sortant de chez la femme connue.

À QUOI SONGEAIENT LES DEUX
CAVALIERS DANS LA FORÊT

La nuit était fort noire et la forêt très sombre.
Hermann à mes côtés me paraissait une ombre[1].
3   Nos chevaux galopaient. À la garde de Dieu[2]!
Les nuages du ciel ressemblaient à des marbres.
Les étoiles volaient dans les branches des arbres
6   Comme un essaim[3] d'oiseaux de feu.

Je suis plein de regrets. Brisé par la souffrance,
L'esprit profond d'Hermann est vide d'espérance.
9   Je suis plein de regrets. Ô mes amours, dormez!
Or, tout en traversant ces solitudes vertes,
Hermann me dit : Je songe aux tombes entr'ouvertes!
12 Et je lui dis : Je pense aux tombeaux refermés!

Lui regarde en avant ; je regarde en arrière.
Nos chevaux galopaient à travers la clairière ;
15 Le vent nous apportait de lointains angelus[4] ;
Il dit : Je songe à ceux que l'existence afflige,
À ceux qui sont, à ceux qui vivent. — Moi, lui dis-je,
18   Je pense à ceux qui ne sont plus!

Les fontaines chantaient. Que disaient les fontaines ?
Les chênes murmuraient. Que murmuraient les chênes ?
21 Les buissons chuchotaient comme d'anciens amis.
Hermann me dit : Jamais les vivants ne sommeillent.
En ce moment, des yeux pleurent, d'autres yeux veillent.
24 Et je lui dis : Hélas! d'autres sont endormis!

---

1. ombre : fantôme.
2. À la garde de Dieu : au hasard, sans prendre de précautions.
3. essaim : groupe, assemblée.
4. angelus : cloche annonçant aux fidèles l'heure d'une prière de dévotion.

Hermann reprit alors : Le malheur, c'est la vie.
Les morts ne souffrent plus. Ils sont heureux ! J'envie
27 Leur fosse où l'herbe pousse, où s'effeuillent les bois,
Car la nuit les caresse avec ses douces flammes[1] ;
Car le ciel rayonnant calme toutes les âmes
30   Dans tous les tombeaux à la fois !

Et je lui dis : Tais-toi ! respect au noir mystère !
Les morts gisent couchés sous nos pieds dans la terre.
33 Les morts, ce sont les cœurs qui t'aimaient autrefois !
C'est ton ange[2] expiré ! c'est ton père et ta mère !
Ne les attristons pas par l'ironie amère.
36 Comme à travers un rêve, ils entendent nos voix.

(*Les Contemplations*, 4, XII, octobre 1853)

---

1. flammes : la lumière des étoiles.
2. ange : ici, l'être aimée et perdue.

Veni, vidi, vixi[1]

J'ai bien assez vécu, puisque dans mes douleurs
Je marche sans trouver de bras qui me secourent,
Puisque je ris à peine aux enfants qui m'entourent
4   Puisque je ne suis plus réjoui par les fleurs;

Puisqu'au printemps, quand Dieu met la nature en fête
J'assiste, esprit sans joie, à ce splendide amour;
Puisque je suis à l'heure où l'homme fuit le jour,
8   Hélas! et sent de tout la tristesse secrète;

Puisque l'espoir serein dans mon âme est vaincu;
Puisqu'en cette saison des parfums et des roses,
Ô ma fille![2] j'aspire à l'ombre où tu reposes,
12   Puisque mon cœur est mort, j'ai bien assez vécu.

Je n'ai pas refusé ma tâche sur la terre.
Mon sillon? Le voilà. Ma gerbe? La voici.
J'ai vécu souriant, toujours plus adouci,
16   Debout, mais incliné du côté du mystère.

J'ai fait ce que j'ai pu; j'ai servi, j'ai veillé,
Et j'ai vu bien souvent qu'on riait de ma peine.
Je me suis étonné d'être un objet de haine,
20   Ayant beaucoup souffert et beaucoup travaillé.

Dans ce bagne[3] terrestre où ne s'ouvre aucune aile,
Sans me plaindre, saignant, et tombant sur les mains
Morne, épuisé, raillé par les forçats humains,
24   J'ai porté mon chaînon de la chaîne éternelle.

---

1. *Veni, vidi, vixi*: emprunté à une phrase célèbre d'un discours de Jules César (général et homme d'État romain, 101-44 av. J.-C.), «Veni, vidi, vici» (traduction: Je suis venu, j'ai vu, j'ai vaincu.). Hugo substitue le dernier mot par *vixi* (j'ai vécu) pour l'accorder à la signification de son poème.
2. Ô ma fille!: Hugo songe à sa fille, Léopoldine, morte noyée.
3. bagne: établissement pénitencier, prison où sont enfermés des forçats (vers 23) astreints à de rudes travaux.

Maintenant, mon regard ne s'ouvre qu'à demi ;
Je ne me tourne plus même quand on me nomme ;
Je suis plein de stupeur et d'ennui, comme un homme
28 Qui se lève avant l'aube et qui n'a pas dormi.

Je ne daigne plus même, en ma sombre paresse,
Répondre à l'envieux dont la bouche me nuit.
Ô Seigneur ! ouvrez-moi les portes de la nuit,
32 Afin que je m'en aille et que je disparaisse !

(Les Contemplations, 4, XIII, avril 1848)

Demain, dès l'aube, à l'heure où blanchit la campagne...

Demain, dès l'aube, à l'heure où blanchit la campagne,
Je partirai. Vois-tu, je sais que tu m'attends.
J'irai par la forêt, j'irai par la montagne.
4   Je ne puis demeurer loin de toi plus longtemps.

Je marcherai les yeux fixés sur mes pensées,
Sans rien voir au dehors, sans entendre aucun bruit,
Seul, inconnu, le dos courbé, les mains croisées,
8   Triste, et le jour pour moi sera comme la nuit.

Je ne regarderai ni l'or du soir qui tombe,
Ni les voiles au loin descendant vers Harfleur[1],
Et quand j'arriverai, je mettrai sur ta tombe
12   Un bouquet de houx vert et de bruyère en fleur.

(*Les Contemplations*, 4, XIV, 3 septembre 1847)

---

1. Harfleur : commune sur la rive droite de l'estuaire de la Seine, près du Havre. Le poème a été écrit par Hugo en exil à l'île de Jersey, d'où il ne pouvait entreprendre son pèlerinage annuel sur la tombe de sa fille Léopoldine. Il imagine donc qu'il se rend, en bateau, au Havre, et que partant à pied de Harfleur, il se rend à Villequier. L'unique mention de Harfleur permet de ne pas réduire le poème au registre autobiographique.

À Villequier[1]

Maintenant que Paris, ses pavés et ses marbres,
Et sa brume et ses toits sont bien loin de mes yeux ;
Maintenant que je suis sous les branches des arbres,
4   Et que je puis songer à la beauté des cieux ;

Maintenant que du deuil qui m'a fait l'âme obscure
        Je sors, pâle et vainqueur,
Et que je sens la paix de la grande nature
8   Qui m'entre dans le cœur ;

Maintenant que je puis, assis au bord des ondes[2],
Ému par ce superbe et tranquille horizon,
Examiner en moi les vérités profondes
12   Et regarder les fleurs qui sont dans le gazon ;

Maintenant, ô mon Dieu ! que j'ai ce calme sombre
        De pouvoir désormais
Voir de mes yeux la pierre où je sais que dans l'ombre
16   Elle dort pour jamais ;

Maintenant qu'attendri par ces divins spectacles,
Plaines, forêts, rochers, vallons, fleuve argenté,
Voyant ma petitesse et voyant vos miracles,
20   Je reprends ma raison devant l'immensité ;

Je viens à vous, Seigneur, père auquel il faut croire ;
        Je vous porte, apaisé,
Les morceaux de ce cœur tout plein de votre gloire
24   Que vous avez brisé ;

---

1. À Villequier : commune près de Rouen, sur la Seine. Le 4 septembre 1843, Léopoldine, la fille de Victor Hugo, et son mari Charles Vacquerie se noyèrent dans la Seine, au large de Villequier. Peu après la tragédie, Hugo, inconsolable, commença l'écriture du poème.

2. assis au bord des ondes : assis sur les bords de la Seine. Le poète se rend à l'endroit au large duquel la tragédie a eu lieu. Hugo ne nomme jamais sa fille dans ses vers, fidèle en cela à l'esthétique romantique qui, depuis Lamartine, cherche, à partir de l'expérience personnelle, l'évocation de la condition humaine.

Je viens à vous, Seigneur! confessant que vous êtes
Bon, clément, indulgent et doux, ô Dieu vivant!
Je conviens que vous seul savez ce que vous faites,
28   Et que l'homme n'est rien qu'un jonc qui tremble au vent;

Je dis que le tombeau qui sur les morts se ferme
        Ouvre le firmament;
Et que ce qu'ici-bas nous prenons pour le terme
32   Est le commencement;

Je conviens à genoux que vous seul, père auguste,
Possédez l'infini, le réel, l'absolu;
Je conviens qu'il est bon, je conviens qu'il est juste
36   Que mon cœur ait saigné, puisque Dieu l'a voulu!

Je ne résiste plus à tout ce qui m'arrive
        Par votre volonté.
L'âme de deuils en deuils, l'homme de rive en rive,
40   Roule à l'éternité.

Nous[1] ne voyons jamais qu'un seul côté des choses;
L'autre plonge en la nuit d'un mystère effrayant.
L'homme subit le joug sans connaître les causes.
44   Tout ce qu'il voit est court, inutile et fuyant.

Vous faites revenir toujours la solitude
        Autour de tous ses pas.
Vous n'avez pas voulu qu'il eût la certitude
48   Ni la joie ici-bas!

Dès qu'il possède un bien, le sort le lui retire.
Rien ne lui fut donné, dans ses rapides jours,
Pour qu'il s'en puisse faire une demeure, et dire:
52   C'est ici ma maison, mon champ et mes amours!

Il doit voir peu de temps tout ce que ses yeux voient;
        Il vieillit sans soutiens.
Puisque ces choses sont, c'est qu'il faut qu'elles soient;
56   J'en conviens, j'en conviens!

---

1. Nous: le poète passe de l'individu à l'Homme. Les vers 41 à 56 ont été ajoutés en 1846.

Le monde est sombre, ô Dieu! l'immuable harmonie
Se compose des pleurs aussi bien que des chants;
L'homme n'est qu'un atome en cette ombre infinie,
60   Nuit où montent les bons, où tombent les méchants.

Je sais que vous aviez bien autre chose à faire
          Que de nous plaindre tous,
Et qu'un enfant qui meurt, désespoir de sa mère,
64   Ne vous fait rien, à vous!

Je sais que le fruit tombe au vent qui le secoue,
Que l'oiseau perd sa plume et la fleur son parfum;
Que la création est une grande roue
68   Qui ne peut se mouvoir sans écraser quelqu'un;

Les mois, les jours, les flots des mers, les yeux qui pleurent,
          Passent sous le ciel bleu;
Il faut que l'herbe pousse et que les enfants meurent;
72   Je le sais, ô mon Dieu!

Dans vos cieux, au – delà de la sphère des nues[1],
Au fond de cet azur immobile et dormant,
Peut-être faites-vous des choses inconnues
76   Où la douleur de l'homme entre comme élément.

Peut-être est-il utile à vos desseins sans nombre
          Que des êtres charmants
S'en aillent, emportés par le tourbillon sombre
80   Des noirs événements.

Nos destins ténébreux vont sous des lois immenses
Que rien ne déconcerte et que rien n'attendrit.
Vous ne pouvez avoir de subites clémences
84   Qui dérangent le monde, ô Dieu, tranquille esprit!

Je vous supplie, ô Dieu! de regarder mon âme,
          Et de considérer
Qu'humble comme un enfant et doux comme une femme,
88   Je viens vous adorer!

---

1. nues : le ciel tout entier, les nuages.

Considérez encor que j'avais, dès l'aurore,
Travaillé, combattu, pensé, marché, lutté,
Expliquant la nature à l'homme qui l'ignore,
92   Éclairant toute chose avec votre clarté ;

Que j'avais, affrontant la haine et la colère,
     Fait ma tâche ici-bas,
Que je ne pouvais pas m'attendre à ce salaire,
96   Que je ne pouvais pas

Prévoir que, vous aussi, sur ma tête qui ploie
Vous appesantiriez votre bras triomphant,
Et que, vous qui voyiez comme j'ai peu de joie,
100   Vous me reprendriez si vite mon enfant !

Qu'une âme ainsi frappée à se plaindre est sujette,
     Que j'ai pu blasphémer,
Et vous jeter mes cris comme un enfant qui jette
104   Une pierre à la mer !

Considérez qu'on doute, ô mon Dieu ! quand on souffre,
Que l'œil qui pleure trop finit par s'aveugler,
Qu'un être que son deuil plonge au plus noir du gouffre,
108   Quand il ne vous voit plus, ne peut vous contempler,

Et qu'il ne se peut pas que l'homme, lorsqu'il sombre
     Dans les afflictions,
Ait présente à l'esprit la sérénité sombre
112   Des constellations !

Aujourd'hui, moi qui fus faible comme une mère,
Je me courbe à vos pieds devant vos cieux ouverts.
Je me sens éclairé dans ma douleur amère
116   Par un meilleur regard jeté sur l'univers.

Seigneur, je reconnais que l'homme est en délire
     S'il ose murmurer ;
Je cesse d'accuser, je cesse de maudire,
120   Mais laissez-moi pleurer !

Hélas ! laissez les pleurs couler de ma paupière,
Puisque vous avez fait les hommes pour cela !
Laissez-moi me pencher sur cette froide pierre
124 Et dire à mon enfant : Sens-tu que je suis là ?

Laissez-moi lui parler, incliné sur ses restes,
     Le soir, quand tout se tait,
Comme si, dans sa nuit rouvrant ses yeux célestes,
128   Cet ange m'écoutait !

Hélas ! vers le passé tournant un œil d'envie,
Sans que rien ici-bas puisse m'en consoler,
Je regarde toujours ce moment de ma vie
132 Où je l'ai vue ouvrir son aile et s'envoler !

Je verrai cet instant jusqu'à ce que je meure,
     L'instant, pleurs superflus !
Où je criai : L'enfant que j'avais tout à l'heure,
136   Quoi donc ! je ne l'ai plus !

Ne vous irritez pas que je sois de la sorte,
Ô mon Dieu ! cette plaie a si longtemps saigné !
L'angoisse dans mon âme est toujours la plus forte,
140 Et mon cœur est soumis, mais n'est pas résigné.

Ne vous irritez pas ! fronts que le deuil réclame,
     Mortels sujets aux pleurs,
Il nous est malaisé de retirer notre âme
144   De ces grandes douleurs.

Voyez-vous, nos enfants nous sont bien nécessaires,
Seigneur ; quand on a vu dans sa vie, un matin,
Au milieu des ennuis, des peines, des misères,
148 Et de l'ombre que fait sur nous notre destin,

Apparaître un enfant, tête chère et sacrée,
     Petit être joyeux,
Si beau, qu'on a cru voir s'ouvrir à son entrée
152   Une porte des cieux ;

Quand on a vu, seize ans, de cet autre soi-même
Croître la grâce aimable et la douce raison
Lorsqu'on a reconnu que cet enfant qu'on aime
156   Fait le jour dans notre âme et dans notre maison,

Que c'est la seule joie ici-bas qui persiste
        De tout ce qu'on rêva,
Considérez que c'est une chose bien triste
160   De le voir qui s'en va !

Villequier, 4 septembre 1847.
(*Les Contemplations,* 4, XV)

MORS

Je vis cette faucheuse[1]. Elle était dans son champ.
Elle allait à grands pas moissonnant et fauchant,
Noir squelette laissant passer le crépuscule.
4 Dans l'ombre où l'on dirait que tout tremble et recule,
L'homme suivait des yeux les lueurs de la faulx[2].
Et les triomphateurs sous les arcs triomphaux
Tombaient ; elle changeait en désert Babylone[3],
8 Le trône en échafaud et l'échafaud en trône,
Les roses en fumier, les enfants en oiseaux,
L'or en cendre, et les yeux des mères en ruisseaux.
Et les femmes criaient : — Rends-nous ce petit être.
12 Pour le faire mourir, pourquoi l'avoir fait naître ? —
Ce n'était qu'un sanglot sur terre, en haut, en bas ;
Des mains aux doigts osseux sortaient des noirs grabats ;
Un vent froid bruissait dans les linceuls sans nombre ;
16 Les peuples éperdus semblaient sous la faulx sombre
Un troupeau frissonnant qui dans l'ombre s'enfuit ;
Tout était sous ses pieds deuil, épouvante et nuit.
Derrière elle, le front baigné de douces flammes,
20 Un ange souriant portait la gerbe d'âmes[4].

(*Les Contemplations*, 4, XVI, mars 1854)

---

1. cette faucheuse : la Mort (figure allégorique).
2. faulx : tout comme dans le titre (*Mors* au lieu de *Mort*), Hugo reprend ici l'orthographe du Moyen Âge pour la faux. Instrument formé d'une lame courbe fixée à un long bâton de bois, utilisé pour moissonner le fourrage et les céréales, mais aussi, en Occident, instrument associé aux représentations allégoriques de la Mort qui « fauche » les êtres vivants comme des épis sur pied.
3. Babylone : importante et populeuse cité de l'Antiquité, située en Mésopotamie, sur l'Euphrate, près de l'actuelle Baghdâd (Iraq).
4. gerbe d'âmes : si la Mort fauche les corps, l'Ange de Dieu recueille les âmes ; espoir chrétien qu'offre en consolation Hugo à l'humanité.

Le Mendiant

Un pauvre homme passait dans le givre et le vent.
Je cognai sur ma vitre ; il s'arrêta devant
Ma porte, que j'ouvris d'une façon civile.
4   Les ânes revenaient du marché de la ville,
Portant les paysans accroupis sur leurs bâts[1].
C'était le vieux qui vit dans une niche au bas
De la montée, et rêve, attendant, solitaire,
8   Un rayon du ciel triste, un liard[2] de la terre,
Tendant les mains pour l'homme et les joignant pour Dieu.
Je lui criai : « Venez vous réchauffer un peu.
Comment vous nommez-vous ? » Il me dit : « Je me nomme
12   Le pauvre. » Je lui pris la main : « Entrez, brave homme. »
Et je lui fis donner une jatte[3] de lait.
Le vieillard grelottait de froid ; il me parlait,
Et je lui répondais, pensif et sans l'entendre.
16   « Vos habits sont mouillés, dis-je, il faut les étendre
Devant la cheminée. » Il s'approcha du feu.
Son manteau, tout mangé des vers, et jadis bleu,
Étalé largement sur la chaude fournaise,
20   Piqué de mille trous par la lueur de braise,
Couvrait l'âtre, et semblait un ciel noir étoilé.
Et, pendant qu'il séchait ce haillon désolé
D'où ruisselait la pluie et l'eau des fondrières[4],
24   Je songeais que cet homme était plein de prières,
Et je regardais, sourd à ce que nous disions,
Sa bure[5] où je voyais des constellations.

(Les Contemplations, 5, IX, décembre 1834)

---

1. bâts : dispositifs de bois assujettis au dos des bêtes de somme pour faciliter le transport de leur charge.
2. liard : ancienne monnaie ; ici, une très petite somme d'argent, un rien.
3. jatte : vase à usage domestique, sans manche et sans anse.
4. fondrières : dans un chemin, affaissements pleins d'eau et de boue.
5. bure : grossière étoffe de laine brune. Ici, vêtement laid, usé, pauvre.

Paroles sur la dune

Maintenant que mon temps décroît comme un flambeau,
     Que mes tâches sont terminées;
Maintenant que voici que je touche au tombeau
4   Par les deuils et par les années,

Et qu'au fond de ce ciel que mon essor rêva,
     Je vois fuir, vers l'ombre entraînées,
Comme le tourbillon du passé qui s'en va,
8   Tant de belles heures sonnées;

Maintenant que je dis : — Un jour, nous triomphons;
     Le lendemain, tout est mensonge! —
Je suis triste, et je marche au bord des flots profonds,
12   Courbé comme celui qui songe.

Je regarde, au-dessus du mont et du vallon,
     Et des mers sans fin remuées,
S'envoler, sous le bec du vautour aquilon[1],
16   Toute la toison[2] des nuées;

J'entends le vent dans l'air, la mer sur le récif,
     L'homme liant la gerbe mûre;
J'écoute, et je confronte en mon esprit pensif
20   Ce qui parle à ce qui murmure;

Et je reste parfois couché sans me lever
     Sur l'herbe rare de la dune,
Jusqu'à l'heure où l'on voit apparaître et rêver
24   Les yeux sinistres de la lune.

Elle monte, elle jette un long rayon dormant
     À l'espace, au mystère, au gouffre;
Et nous nous regardons tous les deux fixement,
28   Elle qui brille et moi qui souffre.

---

1. aquilon : vent du nord.
2. toison : pelage laineux des moutons.

Où donc s'en sont allés mes jours évanouis ?
    Est-il quelqu'un qui me connaisse ?
Ai-je encor quelque chose en mes yeux éblouis,
32   De la clarté de ma jeunesse ?

Tout s'est-il envolé ? Je suis seul, je suis las ;
    J'appelle sans qu'on me réponde ;
Ô vents ! ô flots ! ne suis-je aussi qu'un souffle, hélas !
36   Hélas ! ne suis-je aussi qu'une onde[1] ?

Ne verrai-je plus rien de tout ce que j'aimais ?
    Au – dedans de moi le soir tombe.
Ô terre, dont la brume efface les sommets,
40   Suis-je le spectre, et toi la tombe ?

Ai-je donc vidé tout, vie, amour, joie, espoir ?
    J'attends, je demande, j'implore ;
Je penche tour à tour mes urnes pour avoir
44   De chacune une goutte encore !

Comme le souvenir est voisin du remord[2] !
    Comme à pleurer tout nous ramène !
Et que je te sens froide en te touchant, ô mort,
48   Noir verrou de la porte humaine !

Et je pense, écoutant gémir le vent amer,
    Et l'onde aux plis infranchissables ;
L'été rit, et l'on voit sur le bord de la mer
52   Fleurir le chardon bleu des sables.

(*Les Contemplations*, 5, XIII,
5 août 1854, anniversaire de mon arrivée à Jersey)

---

1. onde : l'eau.
2. remord : la suppression du *s* de « remords » permet la rime visuelle avec « mort » au vers 47. Licence orthographique permise.

Mugitusque boum[1]

Mugissement des bœufs, au temps du doux Virgile,
Comme aujourd'hui, le soir, quand fuit la nue[2] agile,
Ou, le matin, quand l'aube aux champs extasiés
4   Verse à flots la rosée et le jour, vous disiez :

— Mûrissez, blés mouvants ! prés, emplissez-vous d'herbes !
Que la terre, agitant son panache de gerbes,
Chante dans l'onde d'or[3] d'une riche moisson !
8   Vis, bête ; vis, caillou ; vis, homme ; vis, buisson !
À l'heure où le soleil se couche, où l'herbe est pleine
Des grands fantômes noirs des arbres de la plaine
Jusqu'aux lointains coteaux rampant et grandissant,
12   Quand le brun laboureur des collines descend
Et retourne à son toit d'où sort une fumée,
Que la soif de revoir sa femme bien-aimée
Et l'enfant qu'en ses bras hier il réchauffait,
16   Que ce désir, croissant à chaque pas qu'il fait,
Imite dans son cœur l'allongement de l'ombre !
Êtres ! choses ! vivez ! sans peur, sans deuil, sans nombre !
Que tout s'épanouisse en sourire vermeil[4] !
20   Que l'homme ait le repos et le bœuf le sommeil !
Vivez ! croissez ! semez le grain à l'aventure !
Qu'on sente frissonner dans toute la nature,
Sous la feuille des nids, au seuil blanc des maisons,
24   Dans l'obscur tremblement des profonds horizons,
Un vaste emportement d'aimer, dans l'herbe verte,
Dans l'antre[5], dans l'étang, dans la clairière ouverte,

---

1. *Mugitusque boum* (titre) : emprunté à un vers des *Géorgiques* (II, 470) de Virgile (poète latin, 70-19 av. J.-C.). Isolés et traduits, les mots *mugitusque boum* signifient « mugissement des bœufs ».
2. nue : les nuages.
3. onde d'or : le mouvement ondulant des champs de blé au vent.
4. vermeil : rouge vif.
5. antre : caverne, grotte, repaire.

D'aimer sans fin, d'aimer toujours, d'aimer encor,
28 Sous la sérénité des sombres astres d'or !
Faites tressaillir l'air, le flot, l'aile, la bouche,
Ô palpitations du grand amour farouche !
Qu'on sente le baiser de l'être illimité !
32 Et, paix, vertu, bonheur, espérance, bonté,
Ô fruits divins, tombez des branches éternelles ! —

Ainsi vous parliez, voix, grandes voix solennelles ;
Et Virgile écoutait comme j'écoute, et l'eau
36 Voyait passer le cygne auguste[1], et le bouleau
Le vent, et le rocher l'écume, et le ciel sombre
L'homme... — Ô nature ! abîme ! immensité de l'ombre !

(*Les Contemplations*, 5, XVII, Marine-Terrace, juillet 1855)

---

1. auguste : noble, qui inspire respect et vénération.

J'AI CUEILLI CETTE FLEUR POUR TOI
SUR LA COLLINE...

J'ai cueilli cette fleur pour toi sur la colline.
Dans l'âpre escarpement qui sur le flot s'incline,
Que l'aigle connaît seul et peut seul approcher,
4   Paisible, elle croissait aux fentes du rocher.
L'ombre baignait les flancs du morne promontoire;
Je voyais, comme on dresse au lieu d'une victoire
Un grand arc de triomphe[1] éclatant et vermeil[2],
8   À l'endroit où s'était englouti le soleil,
La sombre nuit bâtir un porche de nuées.
Des voiles s'enfuyaient, au loin diminuées;
Quelques toits, s'éclairant au fond d'un entonnoir,
12   Semblaient craindre de luire et de se laisser voir.
J'ai cueilli cette fleur pour toi, ma bien-aimée.
Elle est pâle, et n'a pas de corolle embaumée.
Sa racine n'a pris sur la crête des monts
16   Que l'amère senteur des glauques goëmons[3];
Moi, j'ai dit: Pauvre fleur, du haut de cette cime,
Tu devais t'en aller dans cet immense abîme
Où l'algue et le nuage et les voiles s'en vont.
20   Va mourir sur un cœur, abîme plus profond.
Fane-toi sur ce sein en qui palpite un monde.
Le ciel, qui te créa pour t'effeuiller dans l'onde[4],

---

1. arc de triomphe: imposant monument en forme d'arc sous lequel passent des militaires
   vainqueurs.
2. vermeil: argent doré.
3. goëmons: goémons; algues marines.
4. onde: l'eau.

Te fit pour l'océan, je te donne à l'amour. —
24   Le vent mêlait les flots ; il ne restait du jour
Qu'une vague lueur, lentement effacée.
Oh ! comme j'étais triste au fond de ma pensée,
Tandis que je songeais, et que le gouffre noir
28   M'entrait dans l'âme avec tous les frissons du soir !

(*Les Contemplations*, 5, XXIV, Île de Serk, août 1855)

ÉCLAIRCIE

L'océan resplendit sous sa vaste nuée.
L'onde[1], de son combat sans fin exténuée,
S'assoupit, et, laissant l'écueil se reposer,
4　Fait de toute la rive un immense baiser.
On dirait qu'en tous lieux, en même temps, la vie
Dissout le mal, le deuil, l'hiver, la nuit, l'envie,
Et que le mort couché dit au vivant debout :
8　Aime ! et qu'une âme obscure, épanouie en tout,
Avance doucement sa bouche vers nos lèvres.
L'être, éteignant dans l'ombre et l'extase ses fièvres,
Ouvrant ses flancs, ses seins, ses yeux, ses cœurs épars,
12　Dans ses pores profonds reçoit de toutes parts
La pénétration de la sève sacrée.
La grande paix d'en haut vient comme une marée.
Le brin d'herbe palpite aux fentes du pavé ;
16　Et l'âme a chaud. On sent que le nid est couvé.
L'infini semble plein d'un frisson de feuillée[2].
On croit être à cette heure où la terre éveillée
Entend le bruit que fait l'ouverture du jour,
20　Le premier pas du vent, du travail, de l'amour,
De l'homme, et le verrou de la porte sonore,
Et le hennissement du blanc cheval aurore.
Le moineau d'un coup d'aile, ainsi qu'un fol esprit,
24　Vient taquiner le flot monstrueux qui sourit ;
L'air joue avec la mouche, et l'écume avec l'aigle ;
Le grave laboureur fait ses sillons et règle
La page où s'écrira le poème des blés ;
28　Des pêcheurs sont là-bas sous un pampre[3] attablés ;

---

1. onde : l'eau.
2. feuillée : abri que forme le feuillage des arbres.
3. pampre : branche d'une vigne ; la vigne elle-même.

L'horizon semble un rêve éblouissant où nage
L'écaille de la mer, la plume du nuage,
Car l'océan est hydre[1] et le nuage oiseau.
32 Une lueur, rayon vague, part du berceau
Qu'une femme balance au seuil d'une chaumière,
Dore les champs, les fleurs, l'onde, et devient lumière
En touchant un tombeau qui dort près du clocher.
36 Le jour plonge au plus noir du gouffre, et va chercher
L'ombre, et la baise au front sous l'eau sombre et hagarde[2].
Tout est doux, calme, heureux, apaisé; Dieu regarde.

(*Les Contemplations*, 6, X, Marine-Terrace, juillet 1855)

---

1. hydre: animal fabuleux, monstre marin à tentacules.
2. hagarde: égarée et farouche.

BOOZ[1] ENDORMI

Booz s'était couché de fatigue accablé ;
Il avait tout le jour travaillé dans son aire[2] ;
Puis avait fait son lit à sa place ordinaire ;
4   Booz dormait auprès des boisseaux pleins de blé.

Ce vieillard possédait des champs de blés et d'orge ;
Il était, quoique riche, à la justice enclin ;
Il n'avait pas de fange en l'eau de son moulin ;
8   Il n'avait pas d'enfer dans le feu de sa forge.

Sa barbe était d'argent comme un ruisseau d'avril.
Sa gerbe n'était point avare ni haineuse ;
Quand il voyait passer quelque pauvre glaneuse[3] :
12   « Laissez tomber exprès des épis », disait-il.

Cet homme marchait pur loin des sentiers obliques,
Vêtu de probité candide[4] et de lin blanc ;
Et, toujours du côté des pauvres ruisselant,
16   Ses sacs de grains semblaient des fontaines publiques.

Booz était bon maître et fidèle parent ;
Il était généreux, quoiqu'il fût économe ;
Les femmes regardaient Booz plus qu'un jeune homme,
20   Car le jeune homme est beau, mais le vieillard est grand.

Le vieillard, qui revient vers la source première,
Entre aux jours éternels et sort des jours changeants ;
Et l'on voit de la flamme aux yeux des jeunes gens,
24   Mais dans l'œil du vieillard on voit de la lumière.

---

1. Booz : dans la Bible, vieillard qui devint le mari de la jeune Ruth.
2. aire : cour au sol plat où l'on bat les épis d'une moisson.
3. glaneuse : femme qui ramasse les épis oubliés par les moissonneurs.
4. candide : pure, innocente. Le mot provient du latin où il signifie « blanc ».

Donc, Booz dans la nuit dormait parmi les siens ;
Près des meules, qu'on eût prises pour des décombres,
Les moissonneurs couchés faisaient des groupes sombres ;
28 Et ceci se passait dans des temps très anciens[1].

Les tribus d'Israël[2] avaient pour chef un juge ;
La terre, où l'homme errait sous la tente, inquiet
Des empreintes de pieds de géants[3] qu'il voyait,
32 Était mouillée encore et molle du déluge[4].

Comme dormait Jacob[5], comme dormait Judith[6],
Booz, les yeux fermés, gisait sous la feuillée[7] ;
Or, la porte du ciel s'étant entre-bâillée
36 Au-dessus de sa tête, un songe en descendit.

Et ce songe était tel, que Booz vit un chêne
Qui, sorti de son ventre, allait jusqu'au ciel bleu ;
Une race y montait comme une longue chaîne ;
40 Un roi[8] chantait en bas, en haut mourait un dieu[9].

Et Booz murmurait avec la voix de l'âme :
« Comment se pourrait-il que de moi ceci vînt ?
Le chiffre de mes ans a passé quatre-vingt,
44 Et je n'ai pas de fils, et je n'ai plus de femme.

« Voilà longtemps que celle avec qui j'ai dormi,
Ô Seigneur ! a quitté ma couche pour la vôtre ;
Et nous sommes encor tout mêlés l'un à l'autre,
48 Elle à demi vivante et moi mort à demi.

---

1. temps très anciens : vers l'an 1296 av. J.-C.
2. tribus d'Israël : peuplades des territoires de la Palestine. Dans la Bible, le *Livre de Ruth* débute ainsi : « Aux jours où les Juges gouvernaient les tribus d'Israël… »
3. géants : dans la Bible, la *Genèse* (VI, 4) fait allusion aux géants, disparus lors du déluge.
4. déluge : Dieu recouvrit d'eau toute la terre pour châtier les impies et les présomptueux.
5. Jacob : lors d'un voyage, Jacob voit en songe une échelle reliant la terre aux cieux qu'empruntent les anges.
6. Judith : riche veuve, Judith n'eut, selon la Bible, aucun rêve, mais visitée par l'esprit de Dieu, elle alla, à son réveil, assassiner le général Holopherne.
7. feuillée : abri que forme le feuillage des arbres.
8. Un roi : David.
9. un dieu : le Christ.

« Une race naîtrait de moi ! Comment le croire ?
Comment se pourrait-il que j'eusse des enfants ?
Quand on est jeune, on a des matins triomphants ;
52   Le jour sort de la nuit comme d'une victoire ;

« Mais vieux, on tremble ainsi qu'à l'hiver le bouleau ;
Je suis veuf, je suis seul, et sur moi le soir tombe,
Et je courbe, ô mon Dieu ! mon âme vers la tombe,
56   Comme un bœuf ayant soif penche son front vers l'eau. »

Ainsi parlait Booz dans le rêve et l'extase,
Tournant vers Dieu ses yeux par le sommeil noyés ;
Le cèdre[1] ne sent pas une rose à sa base,
60   Et lui ne sentait pas une femme à ses pieds.

Pendant qu'il sommeillait, Ruth, une Moabite[2],
S'était couchée aux pieds de Booz, le sein nu,
Espérant on ne sait quel rayon inconnu,
64   Quand viendrait du réveil la lumière subite.

Booz ne savait point qu'une femme était là,
Et Ruth ne savait point ce que Dieu voulait d'elle.
Un frais parfum sortait des touffes d'asphodèle[3] ;
68   Les souffles de la nuit flottaient sur Galgala[4].

L'ombre était nuptiale, auguste[5] et solennelle ;
Les anges y volaient sans doute obscurément,
Car on voyait passer dans la nuit, par moment,
72   Quelque chose de bleu qui paraissait une aile.

La respiration de Booz qui dormait
Se mêlait au bruit sourd des ruisseaux sur la mousse.
On était dans le mois où la nature est douce,
76   Les collines ayant des lys[6] sur leur sommet.

---

1. cèdre : arbre symbolisant la force et la longévité.
2. Moabite : du pays de Moabe, à l'est du Jourdain.
3. asphodèle : plante de la famille du lilas, aux grandes fleurs blanches étoilées.
4. Galgala : collines situées non loin de Bethléem.
5. auguste : noble, qui inspire respect et vénération.
6. lys : fleur symbolisant la pureté.

Ruth songeait et Booz dormait ; l'herbe était noire ;
Les grelots des troupeaux palpitaient vaguement ;
Une immense bonté tombait du firmament ;
80   C'était l'heure tranquille où les lions vont boire.

Tout reposait dans Ur[1] et dans Jérimadeth[2],
Les astres émaillaient le ciel profond et sombre ;
Le croissant fin et clair parmi ces fleurs de l'ombre
84   Brillait à l'occident, et Ruth se demandait,

Immobile, ouvrant l'œil à moitié sous ses voiles,
Quel dieu, quel moissonneur de l'éternel été,
Avait, en s'en allant, négligemment jeté
88   Cette faucille d'or dans le champ des étoiles.

(*La Légende des siècles*, 2, VI, 1er mai 1859)

---

1. Ur : ancienne ville de Chaldée, au nord de la Palestine, patrie d'Abraham.
2. Jérimadeth : altération de Jerahmael, tribu du sud.

JEANNE ÉTAIT AU PAIN SEC DANS
LE CABINET NOIR...

Jeanne était au pain sec dans le cabinet noir,
Pour un crime quelconque, et, manquant au devoir,
J'allai voir la proscrite[1] en pleine forfaiture[2],
4   Et lui glissai dans l'ombre un pot de confiture
Contraire aux lois. Tous ceux sur qui, dans ma cité,
Repose le salut[3] de la société,
S'indignèrent, et Jeanne a dit d'une voix douce :
8   — Je ne toucherai plus mon nez avec mon pouce ;
Je ne me ferai plus griffer par le minet.
Mais on s'est récrié : — Cette enfant vous connaît ;
Elle sait à quel point vous êtes faible et lâche.
12   Elle vous voit toujours rire quand on se fâche.
Pas de gouvernement possible. À chaque instant
L'ordre est troublé par vous ; le pouvoir se détend ;
Plus de règle. L'enfant n'a plus rien qui l'arrête.
16   Vous démolissez tout. — Et j'ai baissé la tête,
Et j'ai dit : — Je n'ai rien à répondre à cela,
Qu'on a toujours conduit les peuples à leur perte.
Qu'on me mette au pain sec. — Vous le méritez, certe[4],
20   On vous y mettra. — Jeanne alors, dans son coin noir,
M'a dit tout bas, levant ses yeux si beaux à voir,
Pleins de l'autorité des douces créatures :
— Eh bien, moi, je t'irai porter des confitures.

(L'Art d'être grand-père, 6, VI)

Victor Hugo

---

1. proscrite : hors-la-loi.
2. forfaiture : désobéissance, crime.
3. salut : la bonne marche, la prospérité de la société.
4. certe : la suppression du *s* de « certes » permet la rime visuelle avec « perte » au vers précédent. Licence orthographique permise.

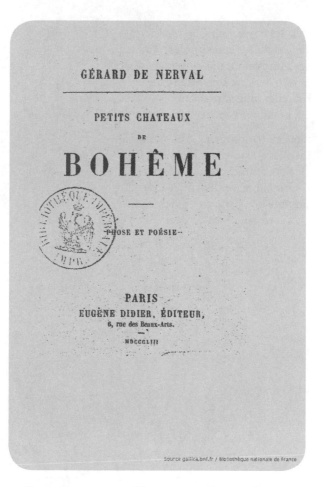

PREMIÈRE PAGE DE L'ÉDITION DE 1853 DES *PETITS CHÂTEAUX DE BOHÊME*, DE GÉRARD DE NERVAL.

AVRIL

Déjà les beaux jours, la poussière,
Un ciel d'azur et de lumière,
3   Les murs enflammés, les longs soirs ;
Et rien de vert : à peine encore
Un reflet rougeâtre décore
6   Les grands arbres aux rameaux noirs !

Ce beau temps me pèse et m'ennuie.
Ce n'est qu'après des jours de pluie
9   Que doit surgir, en un tableau,
Le printemps verdissant et rose,
Comme une nymphe[1] fraîche éclose,
12   Qui, souriante, sort de l'eau.

(*Petits Châteaux de Bohême, Premier Château, Odelettes I*)

---

1. nymphe : divinité de la mythologie, au corps de jeune fille, associée aux divers éléments de la nature.

FANTAISIE

Il est un air pour qui je donnerais
Tout Rossini[1], tout Mozart[2] et tout Weber[3]
Un air très vieux, languissant et funèbre,
4   Qui pour moi seul a des charmes secrets!

Or chaque fois que je viens à l'entendre,
De deux cents ans mon âme rajeunit...
C'est sous Louis treize[4]; et je crois voir s'étendre
8   Un coteau vert, que le couchant jaunit,

Puis un château de brique à coins de pierre,
Aux vitraux teints de rougeâtres couleurs,
Ceint de grands parcs, avec une rivière
12   Baignant ses pieds, qui coule entre des fleurs;

Puis une dame, à sa haute fenêtre,
Blonde aux yeux noirs, en ses habits anciens...
Que, dans une autre existence peut-être,
16   J'ai déjà vue... et dont je me souviens!

(Petits Châteaux de Bohême, Premier Château, Odelettes II)

---

1. Rossini (1792-1868). Compositeur italien célèbre pour ses opéras légers, dont les airs vifs et joyeux ont conquis l'Europe du xixᵉ siècle: *Le Barbier de Séville* (1816), *La Pie voleuse* (1817).
2. Mozart (1756-1791). Compositeur autrichien. Ses opéras, symphonies, œuvres concertantes et de chambre, dont la musicalité à la fois gracieuse et légère sait atteindre des profondeurs troublantes, en ont fait un des plus grands musiciens de tous les temps.
3. Weber (1786-1826). Prononcé *Wèbre* (note de Gérard de Nerval). Compositeur allemand célèbre pour ses opéras, dont le *Freischütz* (1821), qui imposa à la scène, alors dominée par le chant italien, l'opéra romantique allemand.
4. Louis treize (1462-1515). Monté sur le trône en 1498, ce roi de France fut surnommé le « père du peuple » pour ses politiques pleines de mansuétude à l'égard des petites gens.

La Grand'mère

Voici trois ans qu'est morte ma grand'mère,
— La bonne femme ! — et, quand on l'enterra,
Parents, amis, tout le monde pleura
4   D'une douleur bien vraie et bien amère.

Moi seul j'errais dans la maison, surpris
Plus que chagrin ; et, comme j'étais proche
De son cercueil, — quelqu'un me fit reproche
8   De voir cela sans larmes et sans cris.

Douleur bruyante est bien vite passée :
Depuis trois ans, d'autres émotions,
Des biens, des maux, — des révolutions, —
12   Ont dans les cœurs sa mémoire effacée.

Moi seul j'y songe, et la pleure souvent ;
Depuis trois ans, par le temps prenant force
Ainsi qu'un nom gravé dans une écorce,
16   Son souvenir se creuse plus avant !

(Petits Châteaux de Bohême, Premier Château, Odelettes III)

LE POINT NOIR

Quiconque a regardé le soleil fixement
Croit voir devant ses yeux voler obstinément
3   Autour de lui, dans l'air, une tache livide[1].

Ainsi, tout jeune encore et plus audacieux,
Sur la gloire un instant j'osai fixer les yeux :
6   Un point noir est resté dans mon regard avide.

Depuis, mêlée à tout comme un signe de deuil,
Partout, sur quelque endroit que s'arrête mon œil,
9   Je la vois se poser aussi, la tache noire ! —

Quoi, toujours ? Entre moi sans cesse et le bonheur !
Oh ! c'est que l'aigle seul — malheur à nous, malheur ! —
12   Contemple impunément le Soleil et la Gloire.

(*Petits Châteaux de Bohême, Premier Château, Odelettes IX*)

---

1. livide : pâle et de couleur plombée ou bleuâtre.

LES CYDALISES[1]

Où sont nos amoureuses ?
Elles sont au tombeau :
Elles sont plus heureuses,
4   Dans un séjour plus beau !

Elles sont près des anges,
Dans le fond du ciel bleu,
Et chantent les louanges
8   De la mère de Dieu !

Ô blanche fiancée !
Ô jeune vierge en fleur !
Amante délaissée,
12   Que flétrit la douleur !

L'éternité profonde
Souriait dans vos yeux…
Flambeaux éteints du monde
16   Rallumez-vous aux cieux !

(*Petits Châteaux de Bohême, Premier Château, Odelettes XI*)

---

1. Les Cydalises : les jeunes maîtresses.

EL DESDICHADO[1]

Je suis le ténébreux, — le veuf, — l'inconsolé,
Le prince d'Aquitaine[2] à la tour abolie :
Ma seule *étoile*[3] est morte, — et mon luth[4] constellé
Porte le *Soleil noir* de la *Mélancolie*.

4

Dans la nuit du tombeau, toi qui m'as consolé,
Rends-moi le Pausilippe[5] et la mer d'Italie,
La *fleur* qui plaisait tant à mon cœur désolé,
Et la treille[6] où le pampre[7] à la rose s'allie.

8

Suis-je Amour[8] ou Phébus[9] ?... Lusignan[10] ou Biron[11] ?
Mon front est rouge encor du baiser de la reine ;
J'ai rêvé dans la grotte où nage la syrène[12]...

11

Et j'ai deux fois vainqueur traversé l'Achéron[13] :
Modulant tour à tour sur la lyre d'Orphée[14]
Les soupirs de la sainte et les cris de la fée.

14

(Les Chimères)

---

1. El Desdichado : le déshérité. Inspiré par un personnage d'*Ivanhoé*, roman de Walter Scott (écrivain anglais, 1771-1832).
2. prince d'Aquitaine : le personnage du roman ci-dessus de Walter Scott.
3. étoile : la femme aimée.
4. luth : pour le poète, remplace l'écu du chevalier.
5. Pausilippe : promontoire de la baie de Naples.
6. treille : vigne qui croît sur un support, un treillage.
7. pampre : branche d'une vigne ; la vigne elle-même.
8. Amour : divinité de la mythologie, fils de Vénus, aussi représenté sous les traits d'Éros ou de Cupidon. Il châtiait ceux qui se refusaient à l'amour.
9. Phébus : Apollon. Divinité de la mythologie associée au Soleil.
10. Lusignan : grande famille du Poitou, dont l'aïeul aurait épousé la fée Mélusine. Nerval croyait descendre de cette famille.
11. Biron : autre grande famille de laquelle Nerval croyait descendre.
12. syrène : sirène (archaïsme orthographique).
13. Achéron : fleuve mythologique des Enfers. Frontière entre les morts et les vivants.
14. Orphée : personnage mythique de la Grèce antique (voir note 4, p. 34).

La Mélancolie.

Œuvre d'Albrecht Dürer (1514).

Myrtho[1]

Je pense à toi, Myrtho, divine enchanteresse,
Au Pausilippe[2] altier, de mille feux brillant,
À ton front inondé des clartés d'Orient,
4   Aux raisins noirs mêlés avec l'or de ta tresse.

C'est dans ta coupe aussi que j'avais bu l'ivresse,
Et dans l'éclair furtif de ton œil souriant,
Quand aux pieds d'Iacchus[3] on me voyait priant,
8   Car la Muse[4] m'a fait l'un des fils de la Grèce.

Je sais pourquoi là-bas le volcan s'est rouvert…
C'est qu'hier tu l'avais touché d'un pied agile,
11   Et de cendres soudain l'horizon s'est couvert.

Depuis qu'un duc normand[5] brisa tes dieux d'argile,
Toujours, sous les rameaux du laurier de Virgile[6],
14   Le pâle Hortensia[7] s'unit au Myrte vert[8]!

(Les Chimères)

---

1. Myrtho : le myrte, un arbre aux feuilles coriaces, est l'emblème de Vénus, déesse de l'amour. Nerval crée la divinité de Myrtho, associée pour lui à un de ses amours, la jeune Octavie.
2. Pausilippe : promontoire de la baie de Naples.
3. Iacchus : Bacchus. Divinité mythologique associée au vin, à l'ivresse.
4. Muse : divinité mythologique, inspiratrice d'un art. Ici, la poésie.
5. duc normand : les Normands ont conquis l'Italie du Sud et la Sicile au XIe siècle.
6. Virgile (70-19 av. J.-C.). Le plus grand poète latin. Auteur de *L'Énéide*, poème épique racontant le périple d'Énée et des survivants de Troie jusqu'à leur établissement en Italie où ils auraient fondé la nation romaine.
7. Hortensia : arbrisseau à fleurs ornementales créé au XVIIIe siècle. Parfois symbole de l'amour fidèle et chrétien.
8. Myrte vert : emblème de Vénus, déesse de l'amour. Un myrte vert pousserait sur la tombe de Virgile, chantre de l'amour païen et annonciateur prophétique de l'avènement du Christ (dans la *IVe Églogue*).

VERS DORÉS[1]

> *Eh quoi! tout est sensible.*
> — Pythagore[2]

Homme, libre penseur! te crois-tu seul pensant
Dans ce monde où la vie éclate en toute chose?
Des forces que tu tiens ta liberté dispose,
4   Mais de tous tes conseils l'univers est absent.

Respecte dans la bête un esprit agissant:
Chaque fleur est une âme à la Nature éclose;
Un mystère d'amour dans le métal repose;
8   «Tout est sensible!» Et tout sur ton être est puissant.

Crains, dans le mur aveugle, un regard qui t'épie:
À la matière même un verbe est attaché…
11   Ne la fais pas servir à quelque usage impie!

Souvent dans l'être obscur habite un Dieu caché;
Et comme un œil naissant couvert par ses paupières,
14   Un pur esprit s'accroît sous l'écorce des pierres!

(*Les Chimères*)

---

1. Vers dorés: « dorés » doit être pris au sens de « parfaits ».
2. Pythagore (vi[e] siècle av. J.-C.). Philosophe grec. Il croyait à l'immortalité de l'âme et à la réincarnation. Mathématicien, il aurait élaboré le théorème qui porte aujourd'hui son nom ainsi que la relation entre les principaux intervalles musicaux encore en vigueur dans la musique occidentale (l'octave, la quinte, la quarte). Selon sa pensée, l'univers entier n'est que nombre et harmonie.

ŒUVRES D'ALFRED DE MUSSET (1876).

VENISE

Dans Venise la rouge,
Pas un bateau qui bouge,
Pas un pêcheur dans l'eau,
4 Pas un falot[1].

Seul, assis à la grève,
Le grand lion[2] soulève,
Sur l'horizon serein,
8 Son pied d'airain[3].

Autour de lui, par groupes,
Navires et chaloupes,
Pareils à des hérons
12 Couchés en ronds,

Dorment sur l'eau qui fume,
Et croisent dans la brume,
En légers tourbillons,
16 Leurs pavillons.

La lune qui s'efface
Couvre son front qui passe
D'un nuage étoilé
20 Demi-voilé.

Ainsi, la dame abbesse
De Sainte-Croix rabaisse
Sa cape aux larges plis
24 Sur son surplis[4].

---

1. falot : fanal, lanterne.
2. Le grand lion : le lion de Saint-Marc est l'emblème de Venise.
3. airain : bronze.
4. surplis : vêtement ecclésiastique en lin, plissé et à larges manches.

Et les palais antiques,
Et les graves portiques,
Et les blancs escaliers
28   Des chevaliers,

Et les ponts, et les rues,
Et les mornes statues,
Et le golfe mouvant
32   Qui tremble au vent,

Tout se tait, fors[1] les gardes
Aux longues hallebardes[2],
Qui veillent aux créneaux[3]
36   Des arsenaux.

— Ah! maintenant plus d'une
Attend, au clair de lune,
Quelque jeune muguet,
40   L'oreille au guet.

Pour le bal qu'on prépare,
Plus d'une qui se pare,
Met devant son miroir
44   Le masque noir.

Sur sa couche embaumée,
La Vanina pâmée
Presse encor son amant,
48   En s'endormant;

---

1. fors: archaïsme signifiant « excepté, hors ».
2. hallebardes: armes utilisées surtout pour la garde du portail, se présentant comme de longs javelots munis à une extrémité de plusieurs lames tranchantes.
3. créneaux: ouvertures du sommet d'une tour, d'un rempart, et donnant à ceux-ci leur aspect dentelé.

Et Narcissa, la folle,
Au fond de sa gondole,
S'oublie en un festin
52   Jusqu'au matin.

Et qui, dans l'Italie,
N'a son grain de folie ?
Qui ne garde aux amours
56   Ses plus beaux jours ?

Laissons la vieille horloge,
Au palais du vieux doge[1],
Lui compter de ses nuits
60   Les longs ennuis.

Comptons plutôt, ma belle,
Sur ta bouche rebelle
Tant de baisers donnés...
64   Ou pardonnés.

Comptons plutôt tes charmes,
Comptons les douces larmes,
Qu'à nos yeux a coûté
68   La volupté !

(*Contes d'Espagne et d'Italie*)

---

1. doge : chef élu de l'ancienne république de Venise. Le Palais des Doges, remarquable
chef-d'œuvre architectural, était le lieu des assemblées politiques.

BALLADE À LA LUNE

C'était dans la nuit brune,
Sur le clocher jauni,
    La lune,
4 Comme un point sur un i.

Lune, quel esprit sombre
Promène au bout d'un fil,
    Dans l'ombre,
8 Ta face et ton profil?

Es-tu l'œil du ciel borgne[1]?
Quel chérubin cafard[2]
    Nous lorgne
12 Sous ton masque blafard?

N'es-tu rien qu'une boule?
Qu'un grand faucheux[3] bien gras
    Qui roule
16 Sans pattes et sans bras?

Es-tu, je t'en soupçonne,
Le vieux cadran de fer
    Qui sonne
20 L'heure aux damnés d'enfer?

Sur ton front qui voyage
Ce soir ont-ils compté
    Quel âge
24 A leur éternité?

---

1. borgne : qui n'a qu'un seul œil. Ici, la lune, œil unique de la nuit.
2. chérubin cafard : « chérubin », un ange à tête d'enfant, est ironiquement accolé à « cafard », une personne qui se donne les apparences de la dévotion.
3. faucheux : faucheur ; animal à quatre paires de longues pattes, semblable à l'araignée.

Est-ce un ver qui te ronge
Quand ton disque noirci
   S'allonge
28   En croissant rétréci?

Qui t'avait éborgnée
L'autre nuit? T'étais-tu
   Cognée
32   À quelque arbre pointu?

Car tu vins, pâle et morne,
Coller sur mes carreaux
   Ta corne,
36   À travers les barreaux.

Va, lune moribonde,
Le beau corps de Phœbé[1]
   La blonde
40   Dans la mer est tombé.

Tu n'en es que la face,
Et déjà, tout ridé,
   S'efface
44   Ton front dépossédé.

Rends-nous la chasseresse,
Blanche, au sein virginal,
   Qui presse
48   Quelque cerf matinal!

Oh! sous le vert platane
Sous les frais coudriers,
   Diane,
52   Et ses grands lévriers!

Le chevreau noir qui doute,
Pendu sur un rocher,
   L'écoute,
56   L'écoute s'approcher.

---

1. Phœbé: la Lune, ou la déesse Diane, associée à la chasse.

Et, suivant leurs curées,
Par les vaux[1], par les blés,
   Les prées[2],
60 Ses chiens s'en sont allés.

Oh ! le soir, dans la brise,
Phœbé, sœur d'Apollo[3],
   Surprise
64 À l'ombre, un pied dans l'eau[4] !

Phœbé qui, la nuit close,
Aux lèvres d'un berger[5]
   Se pose,
68 Comme un oiseau léger.

Lune, en notre mémoire,
De tes belles amours
   L'histoire
72 T'embellira toujours.

Et toujours rajeunie,
Tu seras du passant
   Bénie,
76 Pleine lune ou croissant.

T'aimera le vieux pâtre[6],
Seul, tandis qu'à ton front
   D'albâtre[7]
80 Ses dogues aboieront.

---

1. vaux : pluriel de « val », une petite vallée.
2. prées : archaïsme pour « prés ».
3. Apollo : archaïsme pour « Apollon ».
4. un pied dans l'eau : allusion à la déesse Diane, surprise au bain par Actéon. Pour le punir, elle le transforma en cerf et il fut dévoré par ses propres chiens.
5. berger : Endymion, berger aimé de Diane. Pour l'empêcher de vieillir et de mourir, elle l'endormit d'un sommeil éternel.
6. pâtre : berger dont, plus loin, les « dogues » (chiens) aboient à la lune.
7. albâtre : variété de gypse très blanc ; ici, objet d'une blancheur éclatante.

T'aimera le pilote
Dans son grand bâtiment,
   Qui flotte,
84   Sous le clair firmament !

Et la fillette preste
Qui passe le buisson,
   Pied leste,
88   En chantant sa chanson.

Comme un ours à la chaîne,
Toujours sous tes yeux bleus
   Se traîne
92   L'Océan montueux[1].

Et qu'il vente ou qu'il neige,
Moi-même, chaque soir,
   Que fais-je,
96   Venant ici m'asseoir ?

Je viens voir à la brune,
Sur le clocher jauni,
   La lune
100   Comme un point sur un i.

Peut-être quand déchante
Quelque pauvre mari,
   Méchante,
104   De loin tu lui souris.

Dans sa douleur amère,
Quand au gendre béni
   La mère
108   Livre la clef du nid,

---

1. montueux : au relief tourmenté (se dit habituellement d'une montagne).

Le pied dans sa pantoufle,
Voilà l'époux tout prêt
   Qui souffle
112 Le bougeoir indiscret.

Au pudique hyménée[1]
La vierge qui se croit
   Menée,
116 Grelotte en son lit froid,

Mais monsieur tout en flamme
Commence à rudoyer
   Madame,
120 Qui commence à crier.

« Ouf! dit-il, je travaille,
Ma bonne, et ne fais rien
   Qui vaille ;
124 Tu ne te tiens pas bien. »

Et vite il se dépêche.
Mais quel démon caché
   L'empêche
128 De commettre un péché ?

« Ah! dit-il, prenons garde.
Quel témoin curieux
   Regarde
132 Avec ces deux grands yeux ? »

Et c'est, dans la nuit brune,
Sur son clocher jauni,
   La lune
136 Comme un point sur un i.

(*Contes d'Espagne et d'Italie*)

---

1. hyménée : hymen, mariage.

CHANSON DE FORTUNIO[1]

Si vous croyez que je vais dire
        Qui j'ose aimer,
Je ne saurais, pour un empire,
4   Vous la nommer.

Nous allons chanter à la ronde,
        Si vous voulez,
Que je l'adore et qu'elle est blonde
8   Comme les blés.

Je fais ce que sa fantaisie
        Veut m'ordonner,
Et je puis, s'il lui faut ma vie,
12   La lui donner.

Du mal qu'une amour ignorée
        Nous fait souffrir,
J'en porte l'âme déchirée
16   Jusqu'à mourir.

Mais j'aime trop pour que je die[2]
        Qui j'ose aimer,
Et je veux mourir pour ma mie[3]
20   Sans la nommer.

(*Le Chandelier*, 1835)

---

1. *Chanson de Fortunio* : glissée dans la pièce *Le Chandelier*, elle était chantée par le héros de la pièce.
2. die : la suppression du *s* est un archaïsme comme les aimait Musset.
3. mie : femme aimée (archaïsme).

La Nuit de décembre

Le Poète

Du temps que j'étais écolier,
Je restais un soir à veiller
3 Dans notre salle solitaire.
Devant ma table vint s'asseoir
Un pauvre enfant vêtu de noir,
6 Qui me ressemblait comme un frère.

Son visage était triste et beau.
À la lueur de mon flambeau,
9 Dans mon livre ouvert il vint lire.
Il pencha son front sur ma main,
Et resta jusqu'au lendemain,
12 Pensif, avec un doux sourire.

Comme j'allais avoir quinze ans,
Je marchais un jour, à pas lents,
15 Dans un bois, sur une bruyère.
Au pied d'un arbre vint s'asseoir
Un jeune homme vêtu de noir,
18 Qui me ressemblait comme un frère.

Je lui demandai mon chemin[1] ;
Il tenait un luth[2] d'une main,
21 De l'autre un bouquet d'églantine.
Il me fit un salut d'ami,
Et, se détournant à demi,
24 Me montra du doigt la colline[3].

---

1. demandai mon chemin : symbole de la recherche poétique.
2. luth : symbolise l'instrument du poète.
3. colline : symbolise les hauteurs de la poésie.

À l'âge où l'on croit à l'amour,
J'étais seul dans ma chambre un jour,
27 Pleurant ma première misère.
Au coin de mon feu vint s'asseoir
Un étranger vêtu de noir;
30 Qui me ressemblait comme un frère.

Il était morne et soucieux;
D'une main il montrait les cieux,
33 Et de l'autre il tenait un glaive.
De ma peine il semblait souffrir,
Mais il ne poussa qu'un soupir,
36 Et s'évanouit comme un rêve.

À l'âge où l'on est libertin[1],
Pour boire un toast en un festin,
39 Un jour je soulevai mon verre.
En face de moi vint s'asseoir
Un convive vêtu de noir,
42 Qui me ressemblait comme un frère.

Il secouait sous son manteau
Un haillon de pourpre en lambeau[2],
45 Sur sa tête un myrte[3] stérile.
Son bras maigre cherchait le mien,
Et mon verre, en touchant le sien,
48 Se brisa dans ma main débile.

Un an après, il était nuit;
J'étais à genoux près du lit
51 Où venait de mourir mon père.
Au chevet du lit vint s'asseoir
Un orphelin vêtu de noir,
54 Qui me ressemblait comme un frère.

---

1. libertin: personne vivant sans règles morales; débauché.
2. haillon de pourpre en lambeau: un vêtement sale, vieux et déchiré qui fut autrefois un riche velours rouge.
3. myrte: arbre aux feuilles coriaces, emblème de Vénus, déesse de l'amour.

Ses yeux étaient noyés de pleurs ;
Comme les anges de douleurs,
57 Il était couronné d'épine ;
Son luth à terre était gisant,
Sa pourpre de couleur de sang,
60 Et son glaive dans sa poitrine.

Je m'en suis si bien souvenu,
Que je l'ai toujours reconnu
63 À tous les instants de ma vie.
C'est une étrange vision,
Et cependant, ange ou démon,
66 J'ai vu partout cette ombre amie.

Lorsque plus tard, las de souffrir,
Pour renaître ou pour en finir,
69 J'ai voulu m'exiler de France ;
Lorsque impatient de marcher,
J'ai voulu partir, et chercher
72 Les vestiges d'une espérance ;

À Pise, au pied de l'Apennin[1] ;
À Cologne, en face du Rhin[2] ;
75 À Nice[3], au penchant des vallées ;
À Florence[4], au fond des palais ;
À Brigues[5], dans les vieux chalets ;
78 Au sein des Alpes désolées[6] ;

---

1. Apennin : chaîne de montagnes d'Italie. La petite ville de Pise, à la tour penchée célèbre, est située non loin de la partie centrale du massif.
2. Rhin : long fleuve d'Europe occidentale. En Allemagne, il baigne Cologne (Köln), centre culturel réputé et joyau architectural avant sa presque complète destruction à la fin de la Seconde Guerre mondiale.
3. Nice : ville et haut lieu touristique du sud de la France.
4. Florence : ville d'Italie et capitale de la Toscane. Grand centre des arts et de la culture, elle occupe un site magnifique sur les rives de l'Arno.
5. Brigues : ville de Suisse dans la vallée du Rhône. Lieu touristique.
6. Alpes désolées : chaînes de montagnes d'Europe. Les romantiques décrivent souvent la montagne comme un lieu désolé.

À Gênes[1], sous les citronniers;
À Vevey[2], sous les verts pommiers;
81   Au Havre[3], devant l'Atlantique;
À Venise, à l'affreux Lido[4],
Où vient sur l'herbe d'un tombeau
84   Mourir la pâle Adriatique[5],

Partout où, sous ces vastes cieux,
J'ai lassé mon cœur et mes yeux,
87   Saignant d'une éternelle plaie;
Partout où le boiteux Ennui,
Traînant ma fatigue après lui,
90   M'a promené sur une claie[6];

Partout où, sans cesse altéré
De la soif d'un monde ignoré,
93   J'ai suivi l'ombre de mes songes;
Partout où, sans avoir vécu,
J'ai revu ce que j'avais vu,
96   La face humaine et ses mensonges;

Partout où, le long des chemins,
J'ai posé mon front dans mes mains,
99   Et sangloté comme une femme;
Partout où j'ai, comme un mouton,
Qui laisse sa laine au buisson,
102   Senti se dénuer mon âme;

---

1. Gênes: ville du nord de l'Italie au bord de la mer Tyrrhénienne. Capitale de la « riviera » (plage) ligurienne, très fréquentée.
2. Vevey: ville de Suisse de la rive droite du lac Léman, au site enchanteur.
3. Havre: port et station balnéaire de Normandie, au nord de la France.
4. Lido: longue bande de terre et de sable qui sépare la lagune de Venise de la mer Adriatique. D'importants et somptueux hôtels y ont été construits au XIXe siècle.
5. Adriatique: mer à l'est de l'Italie.
6. claie: treillage de bois ou de fer; anciennement, on y attachait des suppliciés.

Partout où j'ai voulu dormir,
Partout où j'ai voulu mourir,
105 Partout où j'ai touché la terre[1],
Sur ma route est venu s'asseoir
Un malheureux vêtu de noir,
108 Qui me ressemblait comme un frère.

Qui donc es-tu, toi que dans cette vie
    Je vois toujours sur mon chemin ?
111 Je ne puis croire, à ta mélancolie,
    Que tu sois mon mauvais Destin.
Ton doux sourire a trop de patience,
114   Tes larmes ont trop de pitié.
En te voyant, j'aime la Providence[2].
Ta douleur même est sœur de ma souffrance ;
117   Elle ressemble à l'Amitié.

Qui donc es-tu ? — Tu n'es pas mon bon ange,
    Jamais tu ne viens m'avertir.
120 Tu vois mes maux (c'est une chose étrange !)
    Et tu me regardes souffrir.
Depuis vingt ans tu marches dans ma voie,
123   Et je ne saurais t'appeler.
Qui donc es-tu, si c'est Dieu qui t'envoie ?
Tu me souris sans partager ma joie,
126   Tu me plains sans me consoler !

Ce soir encor je t'ai vu m'apparaître.
    C'était par une triste nuit.
129 L'aile des vents battait à ma fenêtre ;
    J'étais seul, courbé sur mon lit.
J'y regardais une place chérie,
132   Tiède encor d'un baiser brûlant ;
Et je songeais comme la femme oublie,
Et je sentais un lambeau de ma vie
135   Qui se déchirait lentement.

---

1. j'ai touché la terre : comme lorsqu'un ennemi, un lutteur est vaincu.
2. Providence : aide ou gouverne de Dieu.

Je rassemblais des lettres de la veille,
  Des cheveux, des débris d'amour.
138 Tout ce passé me criait à l'oreille
  Ses éternels serments d'un jour.
Je contemplais ces reliques sacrées,
141   Qui me faisaient trembler la main :
Larmes du cœur par le cœur dévorées,
Et que les yeux qui les avaient pleurées
144   Ne reconnaîtront plus demain !

J'enveloppais dans un morceau de bure[1]
  Ces ruines des jours heureux.
147 Je me disais qu'ici-bas ce qui dure,
  C'est une mèche de cheveux.
Comme un plongeur dans une mer profonde,
150   Je me perdais dans tant d'oubli.
De tous côtés j'y retournais la sonde,
Et je pleurais, seul, loin des yeux du monde,
153   Mon pauvre amour enseveli.

J'allais poser le sceau de cire noire[2]
  Sur ce fragile et cher trésor.
156 J'allais le rendre, et, n'y pouvant pas croire,
  En pleurant j'en doutais encor.
Ah ! faible femme, orgueilleuse insensée,
159   Malgré toi, tu t'en souviendras !
Pourquoi, grand Dieu ! mentir à sa pensée ?
Pourquoi ces pleurs, cette gorge oppressée,
162   Ces sanglots, si tu n'aimais pas ?

---

1. bure : grossière étoffe de laine brune.
2. sceau de cire noire : cachet apposé sur de la cire chaude répandue sur le pli d'une lettre, d'un paquet, où sont gravés en creux le nom ou les initiales de son possesseur.

Oui, tu languis, tu souffres, et tu pleures ;
    Mais ta chimère[1] est entre nous.
165 Eh bien ! adieu ! Vous compterez les heures
    Qui me sépareront de vous.
Partez, partez, et dans ce cœur de glace
168   Emportez l'orgueil satisfait.
Je sens encor le mien jeune et vivace,
Et bien des maux pourront y trouver place
171   Sur le mal que vous m'avez fait.

Partez, partez ! la Nature immortelle
    N'a pas tout voulu vous donner.
174 Ah ! pauvre enfant, qui voulez être belle,
    Et ne savez pas pardonner !
Allez, allez, suivez la destinée ;
177   Qui vous perd n'a pas tout perdu.
Jetez au vent notre amour consumée ; —
Éternel Dieu ! toi que j'ai tant aimée,
180   Si tu pars, pourquoi m'aimes-tu ?

Mais tout à coup j'ai vu dans la nuit sombre
    Une forme glisser sans bruit.
183 Sur mon rideau j'ai vu passer une ombre ;
    Elle vient s'asseoir sur mon lit.
Qui donc es-tu, morne et pâle visage,
186   Sombre portrait vêtu de noir ?
Que me veux-tu, triste oiseau de passage ?
Est-ce un vain rêve ? est-ce ma propre image
189   Que j'aperçois dans ce miroir ?

---

1. chimère : imagination inutile, hallucination.

Qui donc es-tu, spectre de ma jeunesse,
    Pèlerin que rien n'a laissé?
192 Dis-moi pourquoi je te trouve sans cesse
    Assis dans l'ombre où j'ai passé.
Qui donc es-tu, visiteur solitaire,
195   Hôte assidu de mes douleurs?
Qu'as-tu donc fait pour me suivre sur terre?
Qui donc es-tu, qui donc es-tu, mon frère,
198   Qui n'apparais qu'au jour des pleurs?

La Vision

— Ami, notre père est le tien.
Je ne suis ni l'ange gardien,
201 Ni le mauvais destin des hommes.
Ceux que j'aime, je ne sais pas
De quel côté s'en vont leurs pas
204 Sur ce peu de fange où nous sommes.

Je ne suis ni dieu ni démon,
Et tu m'as nommé par mon nom
207 Quand tu m'as appelé ton frère;
Où tu vas, j'y serai toujours,
Jusques au dernier de tes jours,
210 Où j'irai m'asseoir sur ta pierre.

Le ciel m'a confié ton cœur,
Quand tu seras dans la douleur,
213 Viens à moi sans inquiétude,
Je te suivrai sur le chemin;
Mais je ne puis toucher ta main,
216 Ami, je suis la Solitude.

(Poésies nouvelles, Les Nuits, 1836)

ADIEU

Adieu! je crois qu'en cette vie
Je ne te reverrai jamais.
Dieu passe, il t'appelle et m'oublie;
4   En te perdant je sens que je t'aimais.

Pas de pleurs, pas de plainte vaine.
Je sais respecter l'avenir.
Vienne la voile qui t'emmène,
8   En souriant je la verrai partir.

Tu t'en vas pleine d'espérance,
Avec orgueil tu reviendras;
Mais ceux qui vont souffrir de ton absence,
12   Tu ne les reconnaîtras pas.

Adieu! tu vas faire un beau rêve
Et t'enivrer d'un plaisir dangereux;
Sur ton chemin l'étoile qui se lève
16   Longtemps encor éblouira tes yeux.

Un jour tu sentiras peut-être
Le prix d'un cœur qui nous comprend,
Le bien qu'on trouve à le connaître;
20   Et ce qu'on souffre en le perdant.

(*Poésies nouvelles*, 1839)

JAMAIS

Jamais, avez-vous dit, tandis qu'autour de nous
Résonnait de Schubert[1] la plaintive musique ;
Jamais, avez-vous dit, tandis que, malgré vous,
4   Brillait de vos grands yeux l'azur mélancolique.

Jamais, répétiez-vous, pâle et d'un air si doux
Qu'on eût cru voir sourire une médaille antique.
Mais des trésors secrets l'instinct fier et pudique
8   Vous couvrit de rougeur, comme un voile jaloux.

Quel mot vous prononcez, marquise, et quel dommage
Hélas ! je ne voyais ni ce charmant visage,
11   Ni ce divin sourire, en vous parlant d'aimer.

Vos yeux bleus sont moins doux que votre âme n'est belle.
Même en les regardant, je ne regrettais qu'elle,
14   Et de voir dans sa fleur un tel cœur se fermer.

(*Poésies nouvelles*, 1839)

---

1. Schubert (1797-1828). Compositeur autrichien. Ses symphonies, sa musique de chambre et ses
lieder (chansons), aux belles mélodies empreintes de déchirants moments de tristesse et de
mélancolie, en ont fait l'un des plus célèbres compositeurs romantiques.

TRISTESSE

J'ai perdu ma force et ma vie,
Et mes amis et ma gaîté,
J'ai perdu jusqu'à la fierté
4   Qui faisait croire à mon génie.

Quand j'ai connu la Vérité,
J'ai cru que c'était une amie ;
Quand je l'ai comprise et sentie,
8   J'en étais déjà dégoûté.

Et pourtant elle est éternelle,
Et ceux qui se sont passés d'elle
11   Ici-bas ont tout ignoré.

Dieu parle, il faut qu'on lui réponde.
Le seul bien qui me reste au monde
14   Est d'avoir quelquefois pleuré.

(*Poésies nouvelles*, 1840)

La Nuit de Mai.

Présentation
de l'œuvre

LE ROMANTISME

Définition et situation

Qu'est-ce au juste que le romantisme? C'est un *mouvement esthétique révolutionnaire, soucieux d'exprimer la sensibilité et l'imagination créatrice du « moi »*.

Né à la fin du xviiie siècle, le romantisme se développe parallèlement en Angleterre et en Allemagne, avant de se répandre dans toute l'Europe (France, Russie, Espagne, Italie) et de gagner l'Amérique. Ce vaste rayonnement rend difficile la tâche d'en définir les particularités littéraires et artistiques. En effet, il n'existe pas *un* romantisme, mais autant de romantismes que de nations qui l'adoptèrent et qui l'acclimatèrent dans leur culture. Dominant l'art occidental de la première moitié du xixe siècle, le romantisme répond toutefois à une volonté unique de mettre l'art au service des passions du cœur et de l'âme. Or, pourquoi, dès le xviiie siècle, certains écrivains, peintres et artistes ont ressenti la nécessité d'exprimer leurs sentiments les plus intimes? Comment expliquer l'émergence, en Occident, de cette nouvelle sensibilité? La réponse n'est pas simple. Trop de facteurs idéologiques, politiques, sociologiques, voire économiques, doivent être pris en considération pour que l'on puisse isoler un seul responsable du phénomène. Cette période de l'histoire européenne est traversée par une multitude de courants de pensée, une effervescence de théories, que stimulent une activité accrue de la presse et une augmentation marquée des publications en tout genre.

Dès la fin du xviie siècle est apparue en philosophie, il est vrai, une nouvelle *conception de la perception*. Dans son *Essai philosophique sur l'entendement humain* (1690), John Locke (1632-1704) est le premier à s'opposer à la pensée cartésienne en niant l'existence des idées innées chez l'humain. Pour Locke, à la naissance, l'esprit humain est vide et ce n'est que peu à peu, grâce aux sens (la vue, l'ouïe, le goût, l'odorat et le toucher) qui perçoivent les objets sensibles, et aux réflexions (se souvenir, vouloir, supposer, etc.) qui mettent en relation ces *sensations*, que se développent les idées de la conscience et les opérations de l'âme. En somme, la *philosophie* dite *sensualiste* de Locke met l'accent sur l'expérience des sens plutôt que sur l'immanence de la pensée, et plusieurs contemporains verront là un encouragement à mieux percevoir le monde qui les entoure et à se pencher sur les états d'âme ainsi suscités. Au xviiie siècle, dans une société où les cadres et les règles assurent une relative sécurité, l'individu peut prendre le temps d'observer ses propres sentiments. En font foi les nombreux témoignages privés (correspondances, journaux intimes, mémoires) de cette époque, qui laissent entrevoir combien, peu à peu, le sentiment acquiert une place de choix dans la vie quotidienne des classes cultivées. Ce *renouvellement de la sensibilité intime*, instillé dans la pensée européenne par le *sensualisme* de Locke, le romantisme en sera l'héritier ; mais, avant qu'il ne voie le jour, des artistes devront explorer et tenter d'harmoniser de nouvelles formes esthétiques capables de l'exprimer. Cette période de tâtonnements est appelée le *préromantisme*.

En France, bon nombre d'historiens de la littérature situent la période du préromantisme entre 1761 et 1820, dates des parutions respectives de *Julie ou la Nouvelle Héloïse* de Jean-Jacques Rousseau et des *Méditations poétiques* d'Alphonse de Lamartine. D'autres, plus restrictifs, la limitent à la décennie de 1810. Jean-Jacques Rousseau est-il ou non le « grand-père » du romantisme ? Quelle que soit la réponse à cette question, il faut admettre qu'avec *Julie ou la Nouvelle Héloïse*, un roman inspiré en partie de *Paméla ou la vertu récompensée* (1740) de Samuel Richardson (1689-1761), jamais romancier des lettres françaises n'est allé aussi loin dans l'exposition des sentiments. Bien que *Julie* intègre des idées philosophiques et politiques, Rousseau voue son roman à l'exaltation de l'amitié et de l'amour, dans un déroulement narratif jugé aujourd'hui *très* lent, puisque l'auteur décante avec soin les inquiétudes, les scrupules et les emportements passionnés des deux protagonistes[1]. Remarquons à quel point, plus

---

1. Voici un bref résumé du roman : Julie et son précepteur, le chevalier de Saint-Preux, s'aiment d'un amour que tout empêche, à commencer par leur condition sociale respective. Pour tenter d'oublier cet amour malheureux, Saint-Preux part pour Paris, cependant que Julie épouse M. de Wolmar. Mais trop honnête, Julie avoue bientôt à son mari la passion qu'elle ressent encore pour son ancien précepteur. M. de Wolmar, homme bon et généreux, rappelle Saint-Preux auprès de sa femme, assuré de la vertu morale de celle-ci tout autant que de cet homme qu'il admire. Mais les affres de la passion deviennent intolérables et Saint-Preux fuit de nouveau la maison des Wolmar, où le rappelle, après quelque temps, la mort imminente de Claire, cousine et confidente de Julie, qui le convainc durant son agonie de toujours demeurer en ces lieux, d'aimer vertueusement Julie et de se consacrer à l'éducation des enfants.

soucieux d'analyser les états d'âme que l'abbé Prévost dans *Manon Lescaut* (1731) et moins astreint à l'illustration d'une thèse que Laclos dans *Les Liaisons dangereuses* (1782), Rousseau s'attache à des personnages, certes idéalisés, mais qui possèdent néanmoins une richesse et une profondeur jusqu'alors inconnues. Certains thèmes du roman (exaltation du moi, subjectivité du rapport à la nature, importance accordée au rôle de l'individu dans la nation) concourent à cet enrichissement des personnages et seront repris à l'envi par les romantiques. Soulignons enfin que la forme épistolaire[1] de *Julie*, bien que répandue à cette époque, facilite la confidence et l'épanchement des sentiments. Ce registre intime, la poésie romantique y sera particulièrement sensible.

En France, le mot « romantique » apparaît dès 1661, mais sa signification recouvre alors le mot « romanesque » et renvoie uniquement à la fiction littéraire. Au contraire, en Angleterre, le mot *romantic* désigne, dès son apparition, un état d'âme, un abandon, lié à la contemplation de la nature. C'est donc sous l'influence de l'acception anglaise que les termes « romantique » et « romanesque » acquerront, en français, des sens différents. En 1776, Gérardin précise ce glissement sémantique. Pour lui, « romanesque » se rapporte à la fable du roman alors que « romantique » désigne une situation réelle qui, sans être farouche ni sauvage, « doit être tranquille et solitaire, afin que l'âme n'y éprouve aucune distraction et puisse s'y livrer tout entière à la douceur d'un sentiment profond. » Employée en ce sens jusqu'à la fin du XVIIIe siècle par de nombreux écrivains, dont Jean-Jacques Rousseau et Senancour, cette définition, qui semble décrire avec près de cinquante ans d'avance *Les Méditations poétiques* de Lamartine, établit donc ce que sera la sensibilité romantique du XIXe siècle.

Il est étonnant que, en France, le mot « romantique » n'entre au *Dictionnaire de l'Académie française* qu'en 1798, et qu'il exprime « ordinairement des lieux, des paysages qui rappellent à l'imagination les descriptions des poèmes et des romans ». Ainsi, pour les institutions officielles, garantes de la tradition classique, « romantique » n'est pas

---

1. Roman épistolaire ou roman par lettres : œuvre dont le récit est constitué par la correspondance échangée entre les personnages. Genre très à la mode à la fin du XVIIIe siècle.

encore synonyme de « sensibilité nouvelle », car la France résiste aux vagues romantiques en provenance d'Angleterre et d'Allemagne, et continue de promouvoir le classicisme, fleuron du génie français. Au contraire, en Angleterre et en Allemagne, où le puritanisme de la république de Cromwell (1649-1658) et la guerre de Trente ans (1618-1648) ont respectivement affaibli les productions artistiques du cru, le classicisme d'importation française est perçu comme une sujétion culturelle par toute une nouvelle génération d'artistes. Au tournant des XVIIIe et XIXe siècles, l'Allemand Friedrich von Schlegel (1772-1829), entre autres, attaque en termes virulents le classicisme français et veut lui substituer un art national. À l'équilibre et à la rigueur classiques, il préfère le composite et le sentimental ; à l'œuvre achevée, le fragment, vestige par excellence de l'illumination créatrice. Dans l'esprit de Schlegel et de ses collaborateurs à la revue *Athenäem*, le romantisme représente un art neuf et allemand, qui saura conquérir toute l'Europe.

Il revient à Mme de Staël (1766-1817), femme de l'ambassadeur de Suède à Paris, d'avoir introduit le romantisme allemand en France, avec un ouvrage intitulé *De l'Allemagne* (1810). Mme de Staël, femme laide, mais intelligente et riche, maîtresse pendant de nombreuses années de l'écrivain Benjamin Constant, voyage beaucoup et tient à rencontrer personnellement les plus grands auteurs allemands : Goethe, Schiller, Schlegel, etc. Son but avoué : ouvrir aux Français les nouveaux horizons qu'offre le romantisme et les convaincre de la supériorité des passions sentimentales sur la rigueur classique. Toutefois de telles idées lui attirent très tôt des ennemis. Napoléon fait brûler les premières épreuves de *De l'Allemagne* et, lorsque le livre réussit à paraître, les critiques, hostiles à la « contamination » des lettres françaises, le rejettent en bloc. En dépit de tout cela, *De l'Allemagne* atteint son but, car les jeunes artistes français le lisent, s'enthousiasment pour lui et en discutent beaucoup. Grâce à eux, le romantisme pénètre en France. *De l'Allemagne* contient bien quelques erreurs, des naïvetés et des incohérences, mais l'ouvrage offre assez de renseignements fiables pour que les jeunes lecteurs conçoivent une idée juste du romantisme allemand. Mme de Staël précise en outre quelques importants concepts romantiques, comme cet alliage de mélancolie, d'inquiétude amère et d'enthousiasme lyrique, si essentiel à l'âme des romantiques, qu'elle nomme déjà le « mal du siècle ».

Être un romantique

Au cours de la première moitié du xixᵉ siècle, pour des milliers de jeunes Européens, le romantisme devient une mode et un nouvel art de vivre. Dans les rues des capitales, dans les boisés alpestres, au bord des lacs et sur les rivages des océans, partout, on assiste à un véritable phénomène de société. Jeunes hommes et jeunes filles se plaisent à imiter le modèle romantique : on s'habille à la romantique (les hommes portent un extravagant gilet rouge ; les femmes, de longues robes ceintes sous le buste), on emprunte des poses mélancoliques, on s'entretient d'amour et, entre hommes, du destin de la nation. Avec soin, on affiche un teint pâle, des yeux cernés, on se félicite presque si par hasard on a hérité d'une complexion souffreteuse, si on est poitrinaire[1] ! Le plus souvent, tout est sacrifié aux états d'âme, aux sentiments. On ne vit que pour eux, on souhaite ardemment vivre une passion et mourir dans de déchirants transports. Nombreux sont ceux qui se croient atteints du *mal du siècle* et qui se découvrent une âme d'artiste. Ces derniers s'introduisent dans les cénacles[2], écrivent des vers, barbouillent des toiles et, bien sûr, se sentent des artistes incompris dans un monde cruel !

En fait, la société et la jeunesse dorée retiennent surtout du romantisme son aspect le plus superficiel et il en découlera bientôt de désastreuses conséquences. En poésie, par exemple, les scribouilleurs et les dilettantes de tout acabit ont tôt fait de jeter sur papier des vers qui ravalent l'inspiration du poète à un ramassis d'expressions et d'effets galvaudés. Si bien que, aujourd'hui encore, l'homme de la rue croit souvent que la poésie romantique (et même la poésie tout court) n'est que l'art des épanchements mielleux et des mots sucrés. L'amoureux pâmé d'amour au pied d'un arbre ; les amants dans un jardin, en promenade nocturne au lever de la lune ; le fiancé, genou à terre, offrant une gerbe de roses : tous ces clichés, parmi les

---

1. poitrinaire : personne atteinte de tuberculose pulmonaire.
2. cénacle : rassemblement d'écrivains, d'artistes, de philosophes.

plus éculés de notre imaginaire collectif, sont issus d'un romantisme de pacotille, propre à tuer dans l'œuf tout intérêt pour les véritables chefs-d'œuvre. Cependant oublions un instant nos préjugés. Penchons-nous avec un esprit neuf sur un poème romantique et découvrons là une confidence aussi simple qu'humaine. Par-delà les deux cents ans qui nous séparent de ces vers, n'est-on pas étonné de la franchise qui se dégage de l'expression, de la clarté qui jaillit des mots qui résonnent en nous de façon bien souvent familière, et surtout de la justesse avec laquelle nous sont révélés des sentiments que nous avions cru jusqu'alors secrètement enfouis en nous? Parfois, il est vrai, après quelques strophes ou à la chute d'un poème, le ton s'enfle, et les mots s'élèvent et rugissent. Faisons nôtre cette fureur, et nos sens, notre cœur, notre esprit, agréablement enivrés, laisseront notre âme éprouver, devant tant d'emportements et de beautés, un fugitif moment d'éternité.

La doctrine romantique : une question de sensibilité

Le romantisme s'exprime grâce à une *sensibilité moderne*, portée comme un étendard par les jeunes romantiques, qui entendent se dégager de l'arbitraire des valeurs passéistes, auxquelles ils refusent d'adhérer. L'art n'est plus synonyme d'équilibre, de mesure, d'exactitude, et l'artiste ne cherche pas à faire beau, mais à *faire vrai*, abolissant toutes les barrières de la bienséance en art. Victor Hugo suggère de mettre «un bonnet rouge au vieux dictionnaire. / Plus de mots sénateurs, plus de mots roturiers!». Par cette métaphore, où le bonnet phrygien des révolutionnaires représente la révolte et les mots, l'écriture, le poète affirme qu'il faut oser choisir n'importe quel mot, s'il est nécessaire à l'expression d'un sentiment ou à l'évocation d'une réalité, et ne plus s'empêcher d'écrire ce que le classicisme, au nom du «beau», juge inacceptable. Un net glissement s'opère ainsi dans les valeurs littéraires, au profit de caractéristiques qui substituent à l'uniformité et à l'équilibre l'expressivité et la fougue. En fait, le romantisme déteste tout ce qui est froidement parfait. Il préfère unir les contraires, fondre les genres et adopter les niveaux de langue les plus divers dans une même œuvre. Dans un poème romantique, par exemple, il est rare d'énoncer une idée, un sentiment, une circonstance sans que surgisse, au détour d'une strophe, son exact opposé. Sans transitions, sans ménagements, le grotesque côtoie le sublime, l'ombre succède à la lumière, la beauté fait place à l'horreur. De même, l'angoisse de la mort s'élève des effusions mêmes de l'amour et les souvenirs les plus tendres se heurtent aux aspérités de la réalité. L'artiste romantique veut se sentir libre d'exprimer la force de son inspiration. Ses œuvres subordonnent le goût au génie, l'artifice à la sincérité, et gagnent en souplesse, ce qu'elles perdent en rigueur.

Le romantisme, en stimulant le développement du *tempérament artistique*, favorise l'*originalité* : chaque romantique souhaite transgresser les règles à sa manière, en quête d'une voix qui lui soit propre. En poésie, le beau vers classique est malmené. Les rythmes syncopés, les enjambements audacieux, les hémistiches irréguliers prennent d'assaut les règles de la versification. Mais surtout, l'artiste tente d'exprimer d'une façon toute personnelle sa perpétuelle insatisfaction. Selon la pensée romantique, l'instant présent, moment de souffrances, de regrets ou d'espérance, ne correspond jamais (ou très furtivement) à un instant de bonheur, de plénitude et de sérénité ; et l'attitude dépressive qui en découle pousse l'être romantique à s'éloigner de sa réalité douloureuse et à rechercher dans l'évasion un apaisement à son mal de vivre. Il fuit la ville, lieu des mensonges intimes et des bouleversements politiques et sociaux, pour renouer avec la paisible vie des champs et des bois. Dans la nature, le poète romantique, sombre et révolté, se livre enfin à sa mélancolie, et son *lyrisme* élabore tout un tissu de correspondances entre ses sentiments intérieurs et ce qui l'entoure. La contemplation se mue en communion. En outre, la recherche du vrai conduit à l'évocation (un peu condescendante, il est vrai) du *pittoresque* des lieux naturels et des humbles qui y vivent. Ou encore, le poète, par le corps ou par l'esprit, voyage sans contrainte à travers les déserts d'Afrique, les steppes d'Asie et les forêts d'Amérique ; il visite les ruines grecques, les souks bruyants et les silencieux palais de marbre, afin de rapporter de ces contrées lointaines l'*exotisme* qui permettra d'oublier pendant un instant sa triste condition.

Histoire et romantisme

En sus de la contemplation de la nature, du pittoresque et de l'exotisme, les romantiques redécouvrent aussi avec intérêt l'Histoire. À la fuite spatiale que procurent la nature et les pays étrangers, l'Histoire offre une solution de rechange temporelle. Bien évidemment, dans les retours historiques, les romantiques cherchent moins la vérité que la possibilité d'une évasion. Ce qui importe, ce n'est pas de se pencher sur un moment de l'Histoire, mais de donner aux figures du passé des préoccupations toutes romantiques. C'est particulièrement vrai de l'époque sombre et obscure du Moyen Âge, terreau fertile au développement des thèmes romantiques. Autant le Siècle des lumières avait voulu secouer le joug de la religion et renouer avec les humanistes de la Renaissance et le savoir de l'Antiquité, autant les romantiques privilégient les auteurs médiévaux, lesquels ont souvent cherché l'indicible mystère de la destinée humaine dans l'occulte et le sacré. Le poète romantique, fasciné par l'obscurantisme du Moyen Âge, se passionne pour le Mal, cependant qu'il se proclame *chrétien*, héraut d'une foi hors de toute orthodoxie (attitude condamnée par l'Église). Fasciné par Satan, il est dans un même élan tendu vers Dieu, et vers Lui seul (Victor Hugo se dit *déiste*), en quête d'une sérénité qui ne réussit pas toujours à dissiper son désespoir, ses doutes et son angoisse devant la mort.

Développé au moment où, en Europe, s'impose la domination de la classe bourgeoise à travers des bouleversements politiques et sociaux importants, le romantisme favorise à la fois l'*individualisme* et le *patriotisme*. Dans un monde jusque-là fondé sur l'allégeance au roi et les privilèges de la noblesse, l'idéal romantique sera le plus souvent, en France, *républicain*. Si cet idéal incite chaque individu à se croire exceptionnel et à se préoccuper constamment de ses états d'âme, il pousse dans un même élan chacun à s'identifier à un «peuple», à un «pays» et à favoriser la *recherche de l'identité nationale*. Walter Scott en Angleterre, Goethe en Allemagne, Victor Hugo en France, Alexandre Pouchkine en Russie, Washington Irving aux États-Unis et Louis Fréchette au Québec, tous écrivains romantiques, se sont faits les chantres de leur culture respective, fiers de puiser dans leur folklore des contes et des légendes fantastiques, et de tirer de leur Histoire nationale des héros au cœur vaillant.

Politique et romantisme

Au début du xixᵉ siècle, les romantiques, craints par les bourgeois, les académiciens et les lettrés d'obédience classique, sont des parias. Non contents de rejeter les contraintes artistiques, ils remettent en question toute l'organisation sociale et participent aux bouleversements politiques du xixᵉ siècle. Rappelons brièvement que, en France, le romantisme, en gestation au moment de la Révolution française (1789), se développe sous l'Empire, avant de s'imposer pendant la Restauration et de connaître successivement la Révolution de juillet, la Deuxième République et les débuts du Second Empire (voir le tableau chronologique à la fin du présent ouvrage). Fidèle à la valeur qu'il accorde à l'individu, le romantisme prône assez rapidement la notion d'égalité. À la liberté de l'artiste s'adjoignent celles de tout *citoyen*, soit les libertés civiles et la *liberté d'opinion*. Or, en ces temps troublés, la suspension des droits fondamentaux et la censure, fort répandues, suscitent de virulentes dénonciations, auxquelles contribue activement la poésie. Puisqu'il n'y a plus de sujets interdits, cet art, autrefois réservé à la «beauté» et à la pérennité des choses, devient une arme idéologique qui entend dénoncer les injustices et les iniquités, dont la scandaleuse misère du peuple. De fait, le romantisme méprise les institutions et l'ordre bourgeois, leur préférant un peuple (les paysans et les ouvriers) qu'il idéalise. Il oppose en fait à l'honnête vie des humbles la folle avidité des puissants. La prise de conscience sociopolitique des romantiques les transforme en hommes d'action: Lamartine, Vigny et Victor Hugo feront de la politique active. Particulièrement aiguës en France, entre 1820 et 1830, les querelles politiques suscitent entre romantiques des échanges passionnés et il arrive qu'un poète soit amené à changer de clan: Victor Hugo, par exemple, a été monarchiste, avant de devenir libéral et républicain. Sans aller dans le détail des allégeances politiques, observons trois tendances du discours politique des romantiques: 1) ils *croient en l'avenir*; 2) ils sont convaincus de la *nécessité du progrès*; 3) ils se montrent sensibles au *socialisme*, même si certains d'entre eux sont *conservateurs* ou *apolitiques*. Bref, le romantisme participe aux échanges et à la prolifération des idées et des opinions dans un monde en pleine ébullition. C'est pourquoi il favorise, entre autres choses, les débuts du journalisme, l'enseignement public et la recherche scientifique et technique.

Toutefois les luttes idéologiques et les disputes politiques auraient pu avoir raison du romantisme. Avant qu'il n'acquière une relative stabilité, vers 1827, il connaît en effet des tensions, des déchirements qui le mettent en péril. Et ce sont deux amitiés — l'une unissant Charles Nodier (1780-1844) et Victor Hugo ; l'autre, ce dernier et Sainte-Beuve — qui sauvent le mouvement. En 1824, déjà plus âgé que la plupart des romantiques, Nodier est nommé conservateur de la bibliothèque de l'Arsenal et, dès lors, tous les dimanches, il reçoit les amis de Victor Hugo dans les vastes appartements qui lui ont été octroyés pour cette charge. On y discute avec fièvre de la doctrine romantique, mais aussi on y danse, on y joue aux cartes, on y badine et, dans ce déferlement de joie juvénile, les inimitiés et les rivalités s'estompent. En outre, l'intelligence et les réflexions toujours pertinentes de Victor Hugo le désignent très tôt comme le chef de file du romantisme. Quant à l'amitié de ce dernier avec le critique et poète Sainte-Beuve, elle permet, vers 1827, le regroupement de toutes les forces romantiques au sein d'une sorte d'école littéraire appelée « le Cénacle », que fréquenteront, dans la maison même de Victor Hugo, rue Notre-Dame-des-Champs, tous les artistes et les écrivains de l'époque. On y laisse tomber les querelles et les vaines discussions pour lire des œuvres toutes fraîches, les critiquer de façon constructive et partager des découvertes.

Ces échanges entre romantiques expliquent pourquoi, en poésie, certains thèmes se retrouvent d'un poème à l'autre, avec toutefois d'importantes variations. Par exemple, puisque l'*individualisme* et l'*originalité* sont des fondements de l'esthétique romantique, la nature, amie et consolatrice dans tel poème, devient dans un autre un objet de méfiance ou une entité cruellement indifférente à la souffrance du narrateur. Pour comprendre cette apparente contradiction au sein du romantisme, il faut, au lieu de s'attacher au détail, dégager une impression générale : certes, d'un poème à l'autre, la nature est perçue de façons différentes, mais la *présence de la nature*, avec laquelle est entretenu un *rapport affectif*, leur est commune. En somme, il faut relever le *sujet* pour apprécier son *traitement original* par le poète.

LES CINQ GRANDS

La littérature française compte cinq grands poètes romantiques, répartis sur deux générations : Alphonse de Lamartine (1790-1869), Alfred de Vigny (1797-1863) et Victor Hugo (1802-1885) appartiennent à la première ; Gérard de Nerval (1808-1855) et Alfred de Musset (1810-1857), à la seconde.

Après les tendances passablement confuses ou divergentes du préromantisme (1761-1820), les écrivains français, nourris des romantismes anglais et allemand, connaissent un événement crucial avec la parution des *Méditations poétiques* d'Alphonse de Lamartine. Le succès, foudroyant auprès du public, suscite le consensus des critiques et des poètes. Sur un peu plus de trente ans paraîtront ensuite les chefs-d'œuvre des Cinq Grands, soit jusqu'à la parution des *Contemplations* de Victor Hugo, en 1856. Après cette date, Hugo fait cavalier seul : le romantisme est à son déclin, cédant la place au Parnasse, de Théophile Gautier, et, surtout, au symbolisme, amorcé dès 1857 par la publication des *Fleurs du mal* de Baudelaire et prolongé par les œuvres de Verlaine, de Rimbaud et de Mallarmé. Cependant, ces deux mouvements, issus du romantisme, lui rendent hommage, tout en cherchant à s'en démarquer. Charles Baudelaire résume cette admiration craintive quand il écrit dans *L'Art romantique* (1868) : « Tout écrivain français, ardent pour la gloire de son pays, ne peut pas, sans fierté et sans regrets, reporter ses regards vers cette époque de crise féconde où la littérature romantique s'épanouissait avec tant de vigueur. [...] Victor Hugo, Sainte-Beuve, Alfred de Vigny avaient rajeuni, plus encore, avaient ressuscité la poésie française, morte depuis Corneille. » Puis, Baudelaire insiste pour affirmer que ce mouvement est clos, achevé, d'un autre temps, alors que *Les Contemplations* ont paru seulement douze ans auparavant et que Hugo vit encore.

Tant que Hugo a vécu, le romantisme est lui aussi resté vivant. Son œuvre poétique colossale surpasse en quantité et en diversité toute la poésie écrite par Lamartine, Vigny, Nerval et Musset réunis ! Hugo a l'envergure d'un Titan et il aborde tous les genres : le roman (*Notre-Dame de Paris*, 1831, *Les Misérables*, 1862) ; le théâtre (*Hernani*, 1830, *Ruy Blas*, 1838) ; les mémoires (*Choses vues*, posthumes 1887). Aucun

Portrait d'Alphonse de Lamartine.

romantique n'offre une œuvre comparable. Lamartine et Vigny ont donné le meilleur d'eux-mêmes en quelques recueils poétiques ; de leurs romans, seuls *Graziella* (1849) du premier et *Cinq-Mars* (1826) du second sont encore lus, même s'ils font piètre figure devant les réussites hugoliennes. Peu considérable, mais peut-être plus moderne que celle de Hugo, l'œuvre de Gérard de Nerval vaut surtout par un court récit autobiographique (*Aurélia*, 1853), quelques nouvelles (*Les Filles du feu*, 1854) et deux minces recueils de poésie. En réalité, seul le théâtre d'Alfred de Musset (*Les Caprices de Marianne*, 1833 ; *On ne badine pas avec l'amour*, 1834 ; *Lorenzaccio*, 1834 ; *Le Chandelier*, 1835) est nettement supérieur à celui de Hugo, mais sa poésie, plus modeste, reste, en dépit de sa franchise, moins diversifiée que celle de l'auteur des *Contemplations*.

Alphonse de Lamartine (1790-1869)

DONNÉES BIOGRAPHIQUES

Alphonse de Lamartine est né au sein d'une famille qui appartient à la petite noblesse. Son père, après une carrière militaire comme capitaine de cavalerie au régiment du Dauphin, décide de vivre sur la modeste propriété dont il a hérité, le vignoble de Milly, près de Mâcon. Tout comme Alphonse le sera, son père est un fervent royaliste, et la montée au pouvoir de Napoléon Bonaparte le contraint à s'éloigner de toute vie politique et sociale. Ces circonstances empêchent le jeune Alphonse de songer à une carrière militaire, administrative ou politique à laquelle son rang lui permet d'accéder. L'enfance, l'adolescence et la jeune vie adulte du futur poète sont donc marquées par l'oisiveté et l'isolement, sources de l'attitude détachée, presque misanthrope et à tout le moins hautaine de Lamartine qui, même lorsqu'il connaîtra la célébrité, se mêlera peu aux cercles romantiques.

À partir de ses dix-sept ans, Lamartine s'adonne à de nombreuses lectures, s'intéresse à la poésie, découvre Voltaire et Chateaubriand. En juillet 1811, un voyage de plusieurs mois en Italie lui ouvre de nouveaux horizons. Il connaît son premier amour en la personne d'une certaine Antoniella, jeune intendante de la maison d'un cousin de Naples, chez qui notre futur poète est reçu. Cet événement est décisif. Au retour, Lamartine se met sérieusement à l'écriture de tragédies et d'un long poème épique et, plus tard, il compose de courtes élégies[1] à la mémoire de la jeune Napolitaine, morte poitrinaire en janvier 1815. Ces élégies sentimentales annoncent les futures *Méditations*.

En 1812, le chevalier Lamartine obtient pour son fils une place de garde du corps de Louis XVIII, mais l'épisode des Cent-Jours contraint Alphonse à fuir en Suisse pour éviter de servir Napoléon. Il rentre ensuite à Milly, où sa vocation littéraire se confirme après la mort de Julie Charles, une seconde femme aimée. Désormais, la poésie occupe une bonne part de son temps et ses efforts se voient couronnés de succès, lorsque, en mars 1820, la publication des *Méditations poétiques* le rend célèbre. Il a trente ans, et n'eût été son dédain des cercles littéraires, il serait probablement devenu un chef de file, mais il préfère à ce rôle celui de politicien. D'abord royaliste, il devient libéral et sera ministre des Affaires étrangères après la révolution de 1848. Par ailleurs, dans sa vie privée, Lamartine, homme dévoré par la passion du jeu, voit ses voyages à Paris se solder par de grandes pertes. Les dernières années de sa vie en sont assombries : il doit vendre le domaine paternel de Milly pour rembourser ses dettes. À sa mort, Lamartine laisse quatre courts romans, des mémoires, des essais politiques, une tragédie et des poèmes qui, de l'avis des commentateurs, demeurent ce qu'il a écrit de plus personnel.

L'ŒUVRE POÉTIQUE EXPLIQUÉE

Pour les historiens de la littérature, la publication des *Méditations poétiques* (1820) marque l'avènement de la poésie romantique, et du romantisme lui-même, en France. La date est commode et l'événement important, mais, bien avant cette date, des poètes mineurs avaient publié des recueils « romantiques ». L'ouvrage de Lamartine a été choisi comme point de repère, car ce qui l'avait précédé se limite, pour l'essentiel, à de pâles copies de poèmes anglais ou allemands. À l'examen, *Les Méditations poétiques* ne se révèlent pas, elles-mêmes, d'une grande originalité et rappellent certaines œuvres de Young ou de Gray. Toutefois, elles se détachent de la production courante par

---

1. élégie : poème lyrique sous forme de plainte qui exprime la tristesse du narrateur.

la virtuosité de la rime, des rythmes et des sonorités qui favorisent l'expression idoine et bouleversante des sentiments du poète.

LES MÉDITATIONS POÉTIQUES

Lors de sa première publication, le recueil de Lamartine contient vingt-quatre méditations. À l'occasion des rééditions, le poète procède à des ajouts et le recueil définitif en compte quarante et une. Inspirées à la fois par les souvenirs d'Antoniella et de Julie Charles, *Les Méditations poétiques* chantent tour à tour le *désespoir* qui bouleverse le poète après la mort de la femme aimée (*L'Isolement*, première méditation), l'*espoir d'un apaisement* (*Le Soir*, méditation IV et *Le Vallon*, méditation VI), l'*inquiétude* et la *solitude* de celui qui se souvient et qui implore « tout ce qu'on entend, l'on voit ou l'on respire » sur les bords d'un lac qui a conservé la mémoire d'un amour livré aux cruelles lois du temps et de l'oubli (*Le Lac*, méditation XIII), enfin le *refus d'un bonheur nouveau* et le *souhait d'une mort libératrice* (*L'Automne*, méditation XXIX). En somme, le lecteur suit le parcours d'un deuil amoureux à travers des poèmes qui partent du cœur et vont au cœur, sans que Lamartine ne précise les références autobiographiques. Dans ses brouillons, on constate en effet que le poète s'est efforcé de faire disparaître toute mention de lieux précis, toute anecdote trop personnelle, afin d'élever chaque poème à une signification générale et universelle. Par exemple, *Le Lac* s'est intitulé d'abord *Le Lac de B****, soit le lac du Bourget où Lamartine avait connu des jours heureux avec Julie Charles ; mais la version définitive efface la majuscule toponymique et dissipe tout référent lié à Julie Charles. Dans l'esprit de Lamartine, on ne saurait livrer le récit *d'un* amour perdu, mais celui *de l*'amour perdu.

Portée par le noble alexandrin, ou plus rarement par l'octosyllabe, chaque méditation exprime un sentiment selon une structure narrative presque immuable : dans les premières strophes, le *moi* décrit un paysage, un lieu naturel accordé à son état d'âme. La description n'est jamais anecdotique ; elle vise plutôt à donner une image sensible du sentiment souhaité. Les strophes suivantes, dont le lyrisme est plus affirmé, précisent le trouble ressenti et rappellent les jours heureux, ce qui offre un contraste douloureux avec le présent désespoir. Les vers suivants, en conférant à l'expérience du poète une portée universelle, se veulent peut-être une consolation : ce qu'il vit n'est qu'une épreuve liée à la triste condition humaine, et la mort, seule, peut l'en affranchir. Le poème se conclut sur une note pessimiste ou d'optimisme funèbre (espoir d'une mort libératrice). Dans chaque poème, des oppositions entre joie et peine, bonheur et désespoir émaillent la trame poétique. Dans *Le Lac*, par exemple, l'acquisition progressive d'une *triste langueur* est causée par les *souvenirs du bonheur*. Ailleurs, une réalité se voit détournée de sa signification habituelle. Ainsi, dans *L'Automne*, cette saison devient synonyme d'alanguissement, d'agonie et présage la mort, cependant que les anciens et les classiques y ont toujours associé l'abondance des récoltes et les réjouissances paysannes.

En 1823, Lamartine publie de *Nouvelles Méditations poétiques*, pâles reflets des premières, qui comptent néanmoins quelques réussites, tel le poème *À El****. Cette œuvre reprend la structure narrative et les thèmes des premières *Méditations*, dans un registre moins ambitieux. Le narrateur y constate, ici encore, les ravages du temps sur l'amour.

Les Harmonies poétiques et religieuses

En 1830 paraissent les *Harmonies poétiques et religieuses*, recueil plus mystique qui offre trois sortes de poèmes : l'autobiographique, le social et le religieux. *L'Occident*, hymne à la gloire de Dieu, développe la dimension religieuse de l'inspiration lamartinienne. C'est une démonstration du conflit, que tente de résoudre le poète, entre la foi en Dieu et l'impossibilité humaine de Le concevoir : y transparaît aussi, dans la dernière strophe, un certain panthéisme[1], auquel Lamartine adhéra quelque temps (et qu'il renia ensuite, parce que sensible à sa condamnation par l'Église). Dans *L'Occident*, par la description d'un éblouissant coucher de soleil, le poète tente d'illustrer l'expérience du chrétien en butte à l'*incertitude de la foi* à laquelle est opposée la *splendeur de la nature*, simple et magnifique *réponse de Dieu*. Magistrale évocation, *L'Occident* annonce le ton et les thèmes hugoliens ; en particulier, ceux des futures *Contemplations*, où fusionnent, tout comme ici, nature païenne et mystère divin dans un vers majestueux et solennel.

---

1. Doctrine métaphysique selon laquelle Dieu est l'unité du monde, tout est en Dieu (*Le Petit Robert*).

PORTRAIT D'ALFRED DE VIGNY.
PAR A. MAURING (1832).

Alfred de Vigny (1797-1863)

DONNÉES BIOGRAPHIQUES

Ruinés par la Révolution, les parents de Vigny forment un couple mal assorti. Entre ce père, invalide de guerre, et cette mère, de trente ans plus jeune que son mari, l'enfance de notre poète se vit dans une atmosphère lourde et triste, qui affectera irrémédiablement sa personnalité. De frêle constitution, hypersensible, le jeune Alfred devient évidemment le souffre-douleur de ses camarades du lycée, d'autant qu'il y remporte tous les premiers prix, qu'il défend les valeurs de la monarchie et qu'il se montre outrageusement fier de son sang noble. Ses parents lui ont aussi inculqué le culte de la carrière militaire. En 1814, brûlant de s'illustrer sous les armes, Alfred de Vigny est admis dans le corps des mousquetaires rouges. Cependant la gloire ne lui sourit guère : il vit à un moment de l'histoire où la politique pacifique de la France et les négociations diplomatiques prennent le pas sur les interventions militaires. Par dépit, et pour tromper l'ennui de la garnison, Vigny se tourne vers les livres : Homère, la Bible, Mme de Staël, Chateaubriand et Lord Byron figurent parmi ses lectures favorites. En 1820, par l'entremise d'un ancien condisciple du lycée, il rencontre Victor Hugo, auquel il se lie d'amitié. Rédacteur en chef de la revue *Le Conservateur littéraire*, Hugo fait paraître les premiers poèmes de Vigny et il l'encourage à persévérer. Deux ans plus tard, sous le couvert de l'anonymat, est publié un premier recueil simplement intitulé *Poèmes*, qui, au fil de nombreuses rééditions augmentées, prendra le titre des *Poèmes antiques et modernes* (édition définitive, 1837). Un mariage d'intérêt, en 1825, avec une jeune Anglaise, Miss Lydia Bunburry, s'avère peu satisfaisant et vaut à Vigny l'hostilité de ses amis poètes, qui lui reprochent de vouloir être à la fois homme de lettres et homme du monde. Heureusement, l'année suivante, la publication du roman historique *Cinq-Mars* (1826) redore sa réputation d'écrivain, ce qui le convainc de quitter l'armée. Il se consacre dès lors à la littérature, traduit Shakespeare et connaît une longue relation amoureuse avec la comédienne Marie Dorval. Cette relation, orageuse, se termine, en 1838, par une pénible rupture, au moment où Vigny connaît une série de nouvelles épreuves (mort de sa mère, brouille avec de nombreux poètes) qui contribuent à son isolement. Le choix de vivre en ermite se précise au fil des ans et surtout après 1848, lorsque, finalement élu à l'Académie française, il y est fort mal accueilli et que, tentant de se faire élire à la députation en Charente, il récolte un très faible nombre de voix. Enfermé dans sa tour d'ivoire, à Paris, soignant sa femme devenue impotente et presque aveugle, il se contentera, durant ses dernières années, d'écrire et de corriger inlassablement ses plus beaux poèmes, réunis après sa mort sous le titre *Les Destinées*.

L'ŒUVRE POÉTIQUE EXPLIQUÉE

Poèmes antiques et modernes

L'unique recueil publié par Vigny de son vivant, les *Poèmes antiques et modernes* (1837), est divisé en trois « Livres » : le *Livre mystique*, le *Livre antique* et le *Livre moderne*. L'inspiration du premier provient essentiellement de la Bible, dont Vigny reprend trois récits (*Moïse*, *Eloas ou la sœur des anges* et *Le Déluge*) auxquels il greffe des préoccupations philosophiques et religieuses personnelles.

Le *Livre antique*, à l'inspiration moins heureuse, précède le *Livre moderne*, tourné vers le Moyen Âge, les contrées exotiques ou la vie parisienne du XIXe siècle, comme dans *Le Bal*, métonymie de la société (ou de la vie tout entière), œuvre d'abord joyeuse, qui laisse bientôt poindre les thèmes du *temps qui passe*, du *bonheur fugitif*, de la *décrépitude* et de la *mort*. Comme dans nombre de poèmes romantiques, *Le Bal* s'articule sur une suite d'oppositions, de contrastes, mais il conserve une facture plaisante, puisqu'il conseille de vivre pleinement les courts moments de l'insouciance, glissant légèrement, comme le tournoiement de couples valsant, sur l'irréparable vieillissement de tout être humain.

Les Destinées

Les Destinées constituent le testament artistique d'Alfred de Vigny. Ce recueil ne contient que onze poèmes, mais certains atteignent une envergure peu commune. Le poète y développe son système philosophique : un *pessimisme fondamental* qui repose sur l'*énigme* et le *poids de la condition humaine*, véritable *fatalité*. Nulle part ailleurs ne peut-on mieux justifier la phrase célèbre de Vigny selon laquelle la « poésie est une science et une passion », car *Les Destinées* tentent de concilier pensées et sentiments, audace des images et gravité du propos.

La Maison du berger, long poème en strophes de sept vers, reste l'une des réussites du recueil. Nettement optimiste, du moins à partir de la quatrième strophe de la première partie, lorsque le poète propose de laisser « toutes les villes » (vers 22) pour « Les grands bois et les champs » (vers 26) —, *La Maison du berger* voit dans la *nature, le refuge des amants et la retraite du poète* : l'amour y trouve un aliment, y croît parmi les herbes et les bois, cependant qu'à certaines heures le poète y rencontre la solitude, si précieuse à l'achèvement de son œuvre, une tâche nécessaire au progrès des idées et à la garantie d'une société juste. C'est un des rares poèmes de Vigny dans lequel la nature est perçue de façon positive. Il l'oppose même à la *civilisation matérialiste*, symbolisée par l'invention du train (à cette occasion, il ose une allusion à une catastrophe ferroviaire récente[1] qui avait ameuté l'opinion publique et relancé la controverse quant au développement des chemins de fer). La seconde partie de *La Maison du berger* revient sur la mission du poète et la haute valeur de la poésie que seuls de mauvais poètes peuvent avilir. Et Vigny de critiquer les poètes galants ou ceux (traits lancés à Lamartine et à Victor Hugo) qui se mêlent de politique[2]. La troisième partie rend hommage à la femme et à l'amour, dont les *vertus apaisantes* sont assurées si un homme et une femme savent entretenir une relation fondée sur la *tendresse* et la *compassion mutuelle*, en dépit de l'*inquiétude* que suscitent la *fuite du temps* et le *rappel de ce qui passe et meurt*. Notre poète semble parler d'expérience : se glissent ici quelques allusions autobiographiques, si rares dans son œuvre. *La Maison du berger* se présente en effet comme une lettre à *Éva* — nom sous lequel Vigny désigne Marie Dorval dans son *Journal* — et le lieu bucolique qu'évoque le titre, une roulotte de paille et de bois, installée à la belle saison, à l'orée d'un bois, a vraiment constitué une retraite pour Vigny et son amante, aux beaux jours de leur passion. Notons une dernière

1. La catastrophe ferroviaire de la Pentecôte : le 8 mai 1842, le train Versailles-Paris déraille à la hauteur de Bellevue. Bilan : 60 morts, dont une amie de Vigny, Mme de Balby.
2. Pourtant Vigny sera tenté lui aussi par la politique (voir les « Données biographiques » à la page 147).

particularité du poème : loin d'en rester aux atermoiements du cœur et aux revendications sur la pureté de la poésie, le poète s'y attaque aux causes du *mal social* (problèmes politiques, développement industriel, conflits des civilisations[1]) et du *mal philosophique* (imposition du devoir ; ignorance et hargne des malveillants) avant de laisser entrevoir l'*avenir radieux de l'humanité* si celle-ci prend conscience à temps de la nécessité de la science, de la réflexion et du progrès et si elle assure le triomphe de l'*esprit pur*. En bout de course, le pessimisme de Vigny, causé par une observation critique des tares de la société et des hommes, se dissipe donc devant une *foi en l'avenir*.

Dans *La Mort du loup*, sommet du recueil, la simple narration d'une chasse nocturne dans un cadre sauvage constitue un exposé du stoïcisme[2] du poète. Le sens du poème glisse peu à peu du plan réel au plan symbolique et offre la clé de sa signification dans les derniers vers. Il s'agit d'une métaphore filée, dans laquelle le loup représente l'être capable par sa seule *volonté de rester libre*. Son attitude est une *idéalisation de celle que l'homme devrait opposer au difficile exercice du devoir et adopter devant l'imminence de la mort*. Le poète, observateur et narrateur du récit, comprend mieux que personne la signification du dernier regard de l'animal, dure leçon de courage pour les hommes souvent si faibles.

Par pudeur, par dignité, par mâle retenue, Vigny se refuse aux épanchements intempestifs. Le poète se livre peu et, en dépit du sort désespéré des héros de ses poèmes, il exalte une *volonté stoïque*. *Les notions du devoir et de l'accomplissement*, fortement valorisées, et le *recours aux symboles* donnent une image nette de la force et du courage nécessaires au Génie pour écarter de son chemin l'ignorance, l'ingratitude et la turpitude des faibles. Tout concourt, en somme, à atteindre un idéal philosophique, celui de l'*esprit pur*, dégagé de toutes les contingences humaines.

---

1. « La barbarie encor tient nos pieds dans sa gaine. » Vigny était toujours sensible à l'actualité, aux guerres et aux conflits politiques. En 1839, par exemple, lors de la Rébellion au Canada, il fut ému de la lutte pour sa survivance du peuple français du Canada contre le gouvernement anglais.
2. Doctrine philosophique selon laquelle le bonheur est dans la vertu, et qui professe l'indifférence devant ce qui affecte la sensibilité.

STATUE DE VICTOR HUGO DANS LA COUR D'HONNEUR
DE LA SORBONNE À PARIS.
ŒUVRE DE LAURENT MARQUESTE.

Victor Hugo (1802-1885)

DONNÉES BIOGRAPHIQUES

Né en 1802, troisième fils d'un père, militaire de carrière, et d'une mère, grande bourgeoise, Victor-Marie Hugo souffre très jeune de la mésentente de ses parents, qui se solde par leur séparation, en 1815. À cette époque, Victor-Marie s'intéresse déjà à la littérature et il prend conscience très tôt de son talent et de sa vocation d'écrivain: «Je veux être Chateaubriand ou rien», note-t-il, en 1816. Dès l'année suivante, il rafle des prix à des concours littéraires prestigieux et, fort de ces honneurs, il cherche en vain à convaincre son père de lui laisser embrasser la carrière littéraire. Néanmoins, Victor-Marie fonde avec ses frères, Abel et Eugène, un journal, *Le Conservateur littéraire*. Encore catholique et monarchiste, notre poète a déjà le tempérament d'un romantique: il aime les défis. À seize ans, il affirme qu'il peut écrire un roman en quinze jours. Il tiendra parole: ce sera *Bug-Jargal* (remanié en 1826). En 1820, Louis XVIII, en le gratifiant pour une *Ode sur la mort du Duc de Berry*, attire sur lui l'attention des cercles littéraires; il ne manque plus à Victor-Marie qu'un peu de liberté pour se consacrer à son art. Il abandonne par conséquent des études de droit et un événement malheureux (la mort de sa mère en 1821) lui permet de s'éloigner de son père (qui se remarie peu après). Hugo va habiter quelques mois chez un cousin avant d'épouser Adèle Foucher, une jeune femme qu'il fréquente depuis déjà deux ans, et d'aller vivre chez ses beaux-parents. La même année, en 1822, il publie son premier recueil de poésie (*Odes et poésies diverses*), qui signe ses véritables débuts littéraires. Ce premier recueil, retouché et enrichi, sera fondu dans les *Odes et Ballades* (version définitive, 1828).

C'est de l'époque des *Odes et Ballades* que date l'intérêt de Victor Hugo pour le romantisme, dans lequel il s'engage d'abord prudemment, cherchant à être un conciliateur, avant de devenir un rassembleur. Ses amis, Charles Nodier et Sainte-Beuve, l'un et l'autre ses alliés dans ses tentatives pour unir les forces romantiques, contribueront aussi à faire de Hugo le chef de file du romantisme, mouvement qu'il «dirige» à partir de la fondation du Cénacle (1827). Pendant cette période, la vision politique de Hugo se modifie: il s'affirme maintenant libéral et entend défendre les idéaux de justice et d'égalité. Il écrit d'ailleurs dans la préface de son troisième drame, *Hernani*: «Le romantisme n'est, à tout prendre, que le *libéralisme* en littérature.» Les tensions que génèrent ces nouvelles positions littéraires et politiques se cristallisent au soir de la première d'*Hernani*. Le jeune Théophile Gautier, vêtu d'un flamboyant gilet rouge (qui lance cette mode vestimentaire chez les romantiques), mène triomphalement l'assaut contre les «gris» ou les «perruques», gardiens du classicisme. Au cours de la représentation, lors de certains passages jugés trop «romantiques», les «perruques» protestent à haute voix, chahutent et sifflent, alors que les romantiques les couvrent par des exclamations de ravissement et des applaudissements. Les désordres se renouvellent à chacune des quarante-cinq représentations subséquentes. On en vient même aux coups. Toutefois Victor Hugo accède à la gloire. Il n'a pas trente ans.

Pourtant, au lendemain d'*Hernani*, les membres du Cénacle commencent à se disperser. Par ailleurs, l'infidélité de Mme Hugo éloigne notre poète de sa femme et il trouve consolation auprès de Juliette Drouet, une comédienne, pour laquelle il conçoit une passion qui suscitera ses plus beaux poèmes d'amour (*Tristesse d'Olympio*). Avec le temps, la passion se mue en une affection tendre, sereine et durable, Juliette Drouet habitant toute sa vie dans des maisons situées non loin de celle de la famille Hugo, même lors de l'exil du poète.

Dans les années 1830, Hugo écrit beaucoup pour la scène, mais l'échec des *Burgraves* (1843), drame épique et médiéval, qui suscite parodies et quolibets, lui fait renoncer au théâtre. La même année, au retour d'un voyage, il apprend par les journaux la mort de sa fille, Léopoldine, noyée à Villequier. Elle avait à peine vingt ans. Inconsolable, notre poète commence un poème sur cet événement, *À Villequier*, et amorce l'écriture des *Misérables*, mais, pendant plus de sept ans, il n'achève rien, ne publie rien et cherche l'oubli dans une intense activité politique qui le conduit, en 1848, à fonder le journal *L'Événement*, dans lequel il accueille d'abord favorablement la candidature de Louis-Napoléon Bonaparte à la présidence de la république. Cependant après son élection, ce dernier le déçoit. En 1849, Hugo, élu lui-même à l'Assemblée législative, ne tarde pas à y prononcer de cinglants discours contre le pouvoir. Le 2 décembre 1851, celui que Hugo nomme par dérision «Napoléon-le-Petit» réussit un coup d'État qui lui permet de rétablir l'Empire et de régner en despote sur la France, bafouant la démocratie et les droits fondamentaux. Hugo, impliqué dans un complot qui vise à le renverser, se voit contraint à l'exil par décret d'expulsion. Il vivra hors de France pendant près de vingt ans, soit jusqu'à la chute du Second Empire, en 1870. D'abord à Bruxelles, puis dans les îles de Jersey et de Guernesey, il trompe sa rancœur politique et son ennui par de gigantesques travaux d'écriture. Levé dès l'aurore, il travaille chaque jour, dans une grande pièce vitrée, d'où se devinent les côtes françaises. Sa renommée atteint des sommets. Il est considéré partout dans le monde comme le grand écrivain français du siècle.

Au retour de l'exil, Hugo, qui avait tant souhaité l'avènement de la démocratie, mais qui est déçu par les orientations du gouvernement de la Troisième République, se désintéresse peu à peu de la politique et se contente de recueillir les honneurs qu'on lui prodigue. Lorsque Juliette Drouet meurt en 1883, il sent que son temps est venu. Il rédige son testament et attend la mort. Elle viendra le 22 mai 1885 et provoquera une réaction populaire sans précédent pour un écrivain. Hugo aura droit à des funérailles nationales.

L'ŒUVRE POÉTIQUE EXPLIQUÉE

L'œuvre poétique de Victor Hugo est si vaste, si imposante, qu'il serait vain de tenter de la synthétiser en quelques phrases. Hugo, qui aimait l'écriture, s'y astreignait chaque jour, et cette fréquentation assidue explique en partie la souplesse et la simplicité de ses vers. Mais ne nous y trompons pas : l'apparente facilité et la grâce de sa poésie ont été conquises au prix d'un travail acharné. Si le *lyrisme* domine son expression, les registres épiques, satiriques et fantaisistes sont aussi présents. Aussi, rien ne résiste à l'évocation hugolienne et ses poèmes traitent de thèmes aussi divers que l'exotisme, la revendication sociale ou politique, la foi chrétienne, la communion avec la nature, l'amour, etc. De plus, tout en renouvelant, au fil des ans, la forme, Hugo modifie le sens des thèmes abordés. L'amour, par exemple, sera successivement frivole, léger, délicat, franc, tendre, spirituel, sensuel, intense, grave, grandiose, angoissé, désespéré, funèbre, etc. S'il est souvent celui des amants, il pourra être aussi celui de la patrie et du peuple ou encore, l'amour filial du grand-père envers ses petits-enfants ou du père inconsolable qui a perdu sa fille bien-aimée dans des circonstances tragiques. Qu'il s'attache aux milieux politiques, bourgeois, populaires ou au simple cadre de la vie quotidienne, Hugo étonne toujours par l'égale aisance de son écriture, et suivre son évolution d'un recueil à l'autre permet de mieux saisir la place unique qu'il occupe parmi les poètes romantiques.

Les Orientales

Si le premier recueil de Hugo, *Odes et Ballades* (1822-1828), contient peu d'œuvres marquantes, celui des *Orientales* (1829) permet de constater la maîtrise et la virtuosité qu'il a déjà acquises à vingt-sept ans. Cédant à la mode orientaliste tout autant qu'à son désir de montrer son savoir-faire, Hugo réussit, dans ce recueil, à fondre ces artifices dans le moule élégant et très personnel de son génie. *Les Djinns* ne peuvent mieux l'illustrer : le frémissement lointain, l'approche du haut des airs, l'arrivée foudroyante des maléfiques génies, puis leur éloignement progressif, voilà le sujet à la fois simple et audacieux de ce poème. La trouvaille de Hugo, c'est de *faire ressentir musicalement et visuellement le crescendo et le decrescendo de l'événement* par l'accroissement et la réduction de la longueur des vers : à chaque strophe des *Djinns*, de la deuxième à la huitième, le vers gagne une syllabe, cependant que de la huitième à la quinzième, il en perd une. Ne dépassant jamais le décasyllabe (l'alexandrin, trop lourd, aurait brisé le mouvement de l'ensemble), *Les Djinns* conservent une étourdissante légèreté, une harmonie mélodieuse, voire symphonique, et une modernité indéniable. En fait, le tour de force sur le plan de la forme, pour discutable et apparemment artificiel qu'il soit, doit être replacé dans son contexte. Dans la préface polémique des *Orientales*, Hugo prend une attitude de chef de file, bat en brèche les théories du classicisme et souhaite le renouvellement thématique et formel de la poésie française. Il recherche des effets inusités, des nouveautés, et les audaces des *Orientales* ouvrent la voie à bon nombre de recherches poétiques. Tout comme dans *Les Djinns*, l'exotisme apparaît dans les trois sizains de *Rêverie*, au sujet plus mélancolique, alors que l'*Extase* est une *méditation sur la foi en Dieu*.

Les Feuilles d'automne

Après le flamboiement des *Orientales*, *Les Feuilles d'automne* (1831) apparaissent beaucoup plus intimes. Ce recueil tantôt mélancolique, tantôt badin, a été écrit au milieu de la tourmente politique de la révolution de Juillet. Il traite, pour la première fois dans l'œuvre de Hugo, de la famille, de l'enfance et de la jeunesse. Inspiré par une phrase de Diderot, *À une femme* illustre à merveille ce dernier thème dans un climat plus charmant que sentimental. L'humour du poème, qui s'adresse à une jeune coquette, provient du contraste entre la légèreté de l'apostrophe[1] et les images démesurées dont se sert le jeune narrateur supposé. C'est là toute la fougue de la jeunesse résumée! À une première strophe, décrivant les plus grands biens temporels (richesse, gloire et pouvoir), succède une seconde qui évoque la toute-puissance de Dieu pour exiger… un simple baiser! Toutes *Les Feuilles d'automne* ne sont pas aussi légères, mais il est vrai que Hugo y conserve, dans une forme toujours très simple, un ton plus doux que triste.

Les Chants du crépuscule

Plus contestataires, plus virulents et plus désespérés sont *Les Chants du crépuscule* (1835). Hugo subit alors une double crise: crise des sentiments intimes et crise de l'engagement politique. Les poèmes de ce recueil traitent donc de la place de l'individu et de la responsabilité sociale. *Sur le bal de l'hôtel de ville* résonne à ce double écho. Dans un élégant alexandrin, le poème se veut une charge contre les riches, classe méprisante et méprisable car incapable de soigner les maux du peuple français. La première strophe expose et résume parfaitement le propos du poète que les suivantes ne font que développer: la deuxième est celle des revendications politiques; la troisième, une comparaison ayant la femme pour sujet. Le poème se conclut sur une dernière strophe qui contient une antithèse audacieuse, par laquelle la dignité est redonnée aux filles de rues aux dépens des coquettes du bal. La chute laisse aussi poindre l'esprit de révolte latent du peuple.

Les Rayons et les Ombres

Après *Les Voix intérieures* (1837), autre recueil intime, *Les Rayons et les Ombres* (1840) marquent l'avènement de la pleine maturité poétique de Victor Hugo. Dans la préface, celui-ci souligne à juste titre les liens qui unissent son nouvel ouvrage aux trois précédents qu'il

---

1. Figure de rhétorique par laquelle un orateur ou un narrateur interpelle une personne.

complète, élargit et couronne. Tous les thèmes auparavant traités sont ici repris : de la famille à la politique et de la couleur locale à l'exaltation des sentiments. S'il existe des thèmes dominants, ce sont ceux de l'amour et de la nature, tous deux présents dans *Tristesse d'Olympio* et *Oceano Nox*, chefs-d'œuvre du recueil. *Tristesse d'Olympio*, un des plus célèbres poèmes de toute la poésie romantique, est lié à des souvenirs précis. En 1837, Victor Hugo retourne, seul, dans la vallée de Bièvre, où il a vécu deux automnes consécutifs (1834 et 1835) de bonheur sans mélange avec sa maîtresse, Juliette Drouet. Au lieu d'y retrouver intactes les traces de leur passage et de leur passion, Hugo s'aperçoit que la nature elle-même s'est chargée de les faire disparaître. Au charme des réminiscences escompté, le poète voit se substituer l'implacable loi de l'oubli : la troublante mélancolie qui envahit son âme le pousse à méditer et à écrire sur la trahison du temps. Contrairement à Lamartine (voir *Le Lac*), qui espère la survivance de ses amours grâce à la mémoire de la nature éternelle, Hugo propose une solution plus matérialiste : *si la nature oublie, l'homme se souvient*. Il s'agit donc *d'accorder à l'homme une pérennité, une universalité par-delà sa singularité et sa finitude*. Remarquons le titre du poème : il ne s'agit pas de La *Tristesse d'Olympio*, mais de *Tristesse d'Olympio*. En supprimant l'article défini, Hugo élargit la portée du sentiment, le rend moins personnel, moins limité. Dans une forme qui mêle, dans les huit premières strophes, alexandrins et hexamètres, Olympio, *l'alter ego*[1] du poète, rappelle le contexte et décrit les lieux où il se trouve. Or, constatant que le passé s'est évanoui, il avoue que « cette heureuse vallée » (vers 51) où il a laissé de son cœur est une « Nature au front sercin » (vers 54) qui oublie. Puis, il précise les saccages du temps, jusqu'à la question existentielle : « N'existons-nous donc plus ? » (vers 77). Le poème prend alors un ton plus philosophique, voire théologique, puisque Dieu est accusé d'avoir rendu l'homme et son bonheur trop fugitifs. Toutefois, « toi, rien ne t'efface, amour ! » (vers 149), affirme Olympio, car l'homme possède la faculté de se souvenir. *Oceano Nox* (Nuit sur l'océan), premier grand *poème de la mer*, provient de diverses impressions ressenties par Hugo, sur les plages de Normandie,

---

1. Littéralement : *le moi équivalent*. Ici, Olympio représente le double poétique, le moi imaginaire de Victor Hugo.

et surtout lors d'une tempête, dont il a été témoin en juillet 1836. Dans des sizains classiques, le rythme très soigné cherche à rendre le flux et le reflux des eaux. Après une première strophe qui évoque le destin funeste d'équipages disparus, les deux suivantes décrivent par touches les luttes inégales entre l'océan aveugle et les pauvres marins livrés à sa furie. Le reste du poème évoque les proches qui se souviennent des disparus, puis l'effacement graduel des souvenirs. La chute personnifie l'océan ; elle souligne la brutalité inconsciente de son implacable puissance et lui attribue le désespoir des marins qui y ont sombré et de leurs « mères à genoux » (vers 45).

Les Châtiments

Si *Les Rayons et les Ombres* donnent de grands poèmes du cœur, le recueil intitulé *Les Châtiments* (1853), écrit dans la haine de Napoléon III, contient les meilleurs poèmes politiques de l'auteur des *Misérables*. Hugo a éprouvé bien des difficultés à faire publier cet ouvrage virulent, au point que, dans la crainte d'un procès, il accepte sur les conseils d'amis d'en faire paraître deux versions, l'une complète, l'autre expurgée (les noms propres y étant remplacés par des points et les vers les plus violents, supprimés). En dépit de ces précautions, les deux versions, imprimées en Belgique, sont interdites en France, où elles sont importées frauduleusement, certaines dans des bustes en plâtre de… Napoléon III lui-même ! Jamais la poésie française n'a été aussi « dangereuse ». Toute l'éloquence et la force de conviction de Hugo sont mises au service d'une critique impitoyable des politiques du Second Empire, qui favorisaient les riches aux dépens d'un peuple outrageusement exploité (lire à ce propos la série des Rougon-Macquart d'Émile Zola : *La Curée*, *L'Assommoir*, *Germinal*, etc.). La fureur vengeresse dont Hugo anime les vers du *Manteau impérial* a pour cible Napoléon III, qui avait choisi comme emblème l'abeille, symbole de l'activité industrieuse du peuple français ; son manteau impérial de velours pourpre en comptait une myriade, toutes brodées au fil d'or. L'adresse du poète à ces abeilles constitue donc ni plus ni moins un *appel au soulèvement des masses*, et ce d'autant plus que, à la chute du poème, les abeilles doivent, en perçant Napoléon III de leurs dards, faire « honte au peuple qui tremble » et lui montrer la voie à suivre. Pour renforcer la virulence du propos, Hugo abandonne l'alexandrin, trop cérémonieux, pour l'octosyllabe auquel il donne un rythme syncopé. Dans *Stella* (Étoile), la haine envers Napoléon III semble être apaisée et fait place à l'espoir d'un avenir où seront vengées les iniquités du présent. La nature, ailleurs si cruelle, devient ici un lieu *propice au repos et à la révélation*. Située au bord de la mer, cette réflexion associe l'étoile du matin, personnifiée, au *triomphe de la pensée* et elle ne se limite pas à prophétiser la fin du Second Empire, mais, élargissant son propos, elle célèbre l'*avènement prochain de la liberté et de la vérité*.

Les Contemplations

Longuement mûri au soleil froid de l'exil, unifiant toutes les réflexions, les sentiments et les peines d'une vie déjà bien remplie, le recueil *Les Contemplations* (1856) constitue la somme poétique de Victor Hugo et de toute la poésie romantique. Le poète lui-même en est conscient lorsqu'il écrit à son éditeur que ce recueil représente son «œuvre de poésie la plus complète», sa «grande pyramide». L'ouvrage se veut les «Mémoires d'une âme» et il retrace le cheminement moral et spirituel du poète en quête non pas d'une solution, mais d'une prise de conscience visionnaire des problèmes liés à toute existence humaine. Il ne s'agit pas, en effet, d'une simple synthèse de la vie de Victor Hugo, car notre poète entend puiser dans son expérience ce qui touche chacun de nous : « Ma vie est la vôtre, la vôtre est la mienne. Hélas ! Quand je vous parle de moi, je parle de vous. Ah ! Insensé qui crois que je ne suis pas toi ! » Ce recueil, éminemment lyrique, est divisé en deux parties — *Autrefois* et *Aujourd'hui* —, lesquelles contiennent chacune trois «livres». Et ces deux parties, «un abîme les sépare, le tombeau», celui de la fille de Victor Hugo, morte quelques années auparavant.

Autrefois a pour sujet principal la vie : le Livre premier (*Aurore*) évoque l'enfance, la jeunesse, le renouveau. Hugo y consacre des poèmes à ses enfants, à ses années de collège, aux premières années de lutte du romantisme. *Le firmament est plein de la vaste clarté…* fournit un excellent exemple du ton de ce livre, le plus joyeux des *Contemplations*. Tout y répond à la fraîche éclosion des sens et ne cache pas un *remerciement enivré, en forme d'hymne, au Créateur*.

Plus loin, *Vere Novo* (Printemps nouveau) rapproche de l'*observation émerveillée de la nature* celle *d'amourettes frivoles*.

Les Livre deuxième et Livre troisième, *L'Âme en fleur* et *Les Luttes et les Rêves*, rappellent respectivement la passion pour Juliette Drouet des *Rayons et les Ombres* et l'engagement politique ainsi que la dénonciation des injustices des *Châtiments*.

La seconde partie des *Contemplations*, *Aujourd'hui*, est dominée par le thème de la mort, de la vie après la mort et du destin funeste de toute existence humaine. Elle débute par le plus court et pourtant le plus célèbre livre du recueil, *Pauca meae* («Quelques vers pour ma fille», expression inspirée par Virgile, *Bucolique X*), par lequel Hugo rend un hommage posthume à sa fille, dont il rappelle le mariage, six mois avant sa mort, et dont il pleure la disparition, ainsi que celle de son gendre. À quelques reprises, un poème laisse croire que Hugo ne se réfère pas précisément à sa tragédie familiale. Ce poème vient alors enrichir la réflexion du poète sur la mort et la révolte, le désespoir ou la résignation qu'elle lui inspire. L'un de ces poèmes a pour titre *À quoi songeaient les deux cavaliers dans la forêt*. Le ton lugubre et fantastique de l'œuvre, inspirée par les ballades allemandes de Goethe et de Bürger, illustre bien la *double attitude de l'homme devant la vie et la mort*. Chevauchant de nuit, dans une sombre forêt, le narrateur, accompagné dans sa course par Hermann (son «double»), constate que, songeant tous deux à la mort, l'un «regarde en avant» (l'avenir de ceux qui souffrent), l'autre, «en arrière» (le passé, les êtres disparus). La discussion, pleine d'amertume, tourne à la *révolte froide* du narrateur, qui se refuse à croire la vie plus pénible que la mort et qui ne peut concevoir que la mort soit un état de repos sans conscience. Le poème suivant, *Veni, vidi, vixi* (Je suis venu, j'ai vu, j'ai vécu) est marqué, quant à lui, d'un *désespoir insondable*. Ce qui avait tant réjoui le cœur dans les poèmes d'*Aurore* (le Livre premier) n'apporte ici plus aucune joie. L'existence humaine, grevée de déceptions et d'une tristesse secrète, perd toute sa vitalité. Elle est «à l'heure où l'homme fuit le jour» (vers 7) et cherche à faire un dernier bilan avant la mort ardemment souhaitée. *Demain, dès l'aube, à l'heure où blanchit la campagne…*, poème très simple, est né du souhait de Hugo, alors en exil, d'aller sur la tombe de sa fille, pour y déposer des fleurs. L'adresse franche de la narration est renforcée par le soin de l'écriture à éviter l'accumulation de références trop précises. Le poème sert d'introduction au suivant, *À Villequier*, sommet de ce Livre quatrième. Jamais le vers de Victor Hugo n'a bercé plus tendrement qu'ici le souvenir de sa fille disparue. Le poème a connu une très longue gestation et Hugo y a mis toute la force d'une *résignation consolatrice* et d'une *ferveur apaisée en Dieu*. Les quatre premiers quatrains irréguliers (utilisant aussi bien l'alexandrin que l'hexamètre) offrent une ample description du chemin parcouru avant que le narrateur ne se présente devant le Seigneur, à Qui, dans les vers suivants, il confesse son attitude fautive et s'en repent, avant d'accepter Sa volonté. Recherchant aussi Sa miséricorde, il implore ensuite Dieu, avec des accents d'une sincérité bouleversante, de *lui accorder en compensation le droit de se souvenir, de s'attrister et de pleurer* le cher enfant disparu. Le poème suivant, *Mors*, en quelque vingt alexandrins, se veut une *allégorie de la Mort* dans un style qui rappelle les enluminures du Moyen Âge par les images, le propos et jusque par l'emploi d'une orthographe archaïque (« Mors » pour « Mort »; « faulx » pour « faux »). Le *funèbre destin de l'humanité* qu'évoque le poème s'éclaire toutefois au dernier vers par l'apparition de l'Ange, gardien des âmes : cette figure toute chrétienne résume l'*espoir d'une vie après la mort* et souligne le *refus d'envisager la mort comme une fin.*

Le Livre cinquième des *Contemplations*, *En marche*, est consacré au devoir de vivre et chaque poème se présente comme une leçon morale. Dans *Le Mendiant*, la leçon provient de la grandeur de celui qui poursuit sa vie et qui n'a rien, mais à qui la *foi en Dieu* assure non pas la possession de quelque bien matériel (le manteau troué), mais celle de l'univers tout entier (les constellations). *Paroles sur la dune* présente un narrateur dans un moment de découragement, alors qu'il tente de reprendre goût à la vie. Étreint par l'*angoisse* et le *désarroi*, il s'interroge sur la nécessité, sur la valeur de l'existence et se demande si elle vaut la peine d'être poursuivie. La chute donne une *lueur d'espoir*, symbolisée par une plante commune qui pousse dans les sables. Encore une fois inspiré par Virgile, Hugo emploie dans *Mugitusque boum* une image très risquée : le beuglement des bœufs (expression de la nature) conseille dans sa *sagesse millénaire* de tenir compte de tous les charmes de la vie, de l'amour, de la bonté, etc. À travers le temps, rien ne change, l'homme d'aujourd'hui est semblable à ce qu'il a été jadis, et la nature, qui ne dit rien de nouveau, ne peut toutefois être entendue que des poètes, êtres d'exception qui, seuls parmi les hommes, distinguent ce qui, malgré le passage du temps, reste éternel. *J'ai cueilli cette fleur pour toi sur la colline…* se présente comme une lettre écrite à une femme aimée (pour Hugo, il s'agit de Juliette Drouet). Le *devoir*, ici, c'est celui *de vivre* non pas seulement parce que l'amour existe, mais aussi parce que l'homme, par ses interventions même les plus dérisoires, modifie l'ordre du monde et peut donner à ses gestes des significations inestimables. Grand *poème d'amour*, ce sentiment trouve ici, par un magnifique effet d'élargissement, une *dimension proprement tellurique*.

Au bord de l'infini, Livre sixième et dernier recueil des *Contemplations*, se ressent de l'influence spirite. À cette époque, Hugo s'adonne en effet à cet art pour tenter de communiquer avec l'esprit défunt de sa fille. C'est pourquoi Hugo réitère sa croyance en l'existence des morts et compose ici ses vers les plus étranges, vers qui plairont tant à André Breton et aux surréalistes. *Éclaircie*, l'un des poèmes les moins obscurs de ce recueil, compte aussi parmi les plus sereins. Reprenant le rapport à la nature de *Mugitusque boum*, il en élargit la portée, proposant une *vision divine, éternelle et infinie de la création*.

La Légende des siècles

Perceptible dans plusieurs *Contemplations*, la volonté de Victor Hugo d'embrasser l'univers dans un large regard trouve un aboutissement épique dans *La Légende des siècles* (1859 ; complétée en 1883), où l'ambition du poète, révélée dans la Préface, est « d'exprimer l'humanité dans une espèce d'œuvre cyclique : la peindre successivement et simultanément sous tous ses aspects, histoire, fable, philosophie, religion, science… ». Le but sera de faire apparaître « cette grande figure une et multiple, lugubre et rayonnante, fatale et sacrée, l'Homme ». Dans *La Légende des siècles*, chaque poème évoque un moment de l'Histoire humaine et l'accumulation de toutes ces petites épopées conduit à une représentation globale et satisfaisante de la destinée humaine. *Booz endormi* est resté la plus célèbre de ces épopées.

Le poème s'inspire d'un passage du *Livre de Ruth*[1]. C'est une poésie nocturne et douce, une œuvre à la *narration simple et mystique*, où se mêlent les thèmes de la *sage et solide vieillesse* et de ses attributs : la *bonté*, la *tendresse* et la *sécurité*.

L'Art d'être grand-père

Avec *Les Chansons des rues et des bois* (1865) et *L'Art d'être grand-père* (1877), Hugo revient à une inspiration plus populaire et plus libre. *L'Art d'être grand-père* est écrit expressément pour ses petits-enfants, Georges et Jeanne, qui représentent à peu près tout ce qui reste de famille au poète après la mort de ses fils Charles et François-Victor, en 1871 et 1873. *Jeanne était au pain sec dans le cabinet noir…* donne une idée des scènes familiales, croquées sur le vif, auxquelles s'adonne au quotidien le grand-père à barbe blanche qu'est devenu Hugo. La *malice bon enfant* de ces quelques vers est une autre manifestation de la diversité poétique chez Hugo. Les derniers recueils, *L'Année terrible* (1872) et *Les Quatre Vents de l'esprit* (1881) perpétuent la manière épique de *La Légende des siècles*.

Gérard de Nerval (1808-1855), pseudonyme de Gérard Labrunie

DONNÉES BIOGRAPHIQUES

La mère de Gérard Labrunie meurt alors que l'enfant a deux ans ; il est élevé chez un oncle, car le père travaille comme chirurgien aux armées. Dans sa jeunesse, externe au lycée Charlemagne, Gérard devient un ami du jeune Théophile Gautier, aux côtés duquel il participera à la fameuse bataille d'*Hernani* (voir p. 153). À l'âge de dix-huit ans, pressé par Gautier, Nerval publie ses premiers vers, qui passent inaperçus, alors que sa traduction de la première partie du *Faust* de Goethe le rend célèbre. Il rencontre bientôt Victor Hugo et est accueilli au Cénacle. Dans les années 1830, pendant la grande vogue du romantisme, il mène surtout la vie de bohème. Au retour d'un voyage en

---

1. Dans le *Livre de Ruth*, cette jeune fille revient au pays avec sa belle-mère et, sur le conseil de cette dernière, se rend glaner aux champs de Booz, un riche vieillard qui a perdu sa femme. Comme il est son parent, elle lui demande, en vertu de la loi de Moïse, de l'épouser. Le fils qui naîtra de cette union sera l'aïeul du roi David, et donc l'ancêtre du Christ.

Italie, il devient amoureux de la comédienne Jenny Colon (qui prend le nom d'Aurélia dans son œuvre). Cette passion, excessive et malheureuse, brise sa vie quand Jenny décide d'épouser un flûtiste, en 1838. Peu à peu, la figure de l'actrice prend pour Nerval une dimension mythique. Il croit avoir aimé, en Jenny Colon, non une simple femme, mais l'image passagère de l'idéal féminin. En 1841, il connaît une première crise de folie. Enfermé dans une maison de santé, Nerval se rétablit, mais, à sa sortie, il subit un nouveau choc émotif : fin 1842, Jenny Colon meurt. Notre poète entre alors dans une période d'exaltation, pendant laquelle il se passionne pour les mythologies et les rites de l'Antiquité. Il entreprend un long voyage au Proche-Orient, parcourant, entre autres, les îles grecques, le Liban et l'Égypte, à la recherche des cultes ésotériques qui ont développé une croyance en la métempsycose (la réincarnation des âmes dans un corps humain, animal ou végétal). À son retour, il s'attelle à une immense recherche sur les *Illuminés* du XVIIIe siècle (écrivains, penseurs et occultistes qui se sont intéressés à l'occulte) et se passionne pour le *syncrétisme*, ce processus d'assimilation exercé par le christianisme, au début de notre ère, grâce auquel diverses croyances et rites religieux antiques ont été fondus dans le moule de la nouvelle religion vouée au Christ. Tous ces travaux semblent avoir aidé Nerval à rétablir son équilibre mental. Pourtant, en 1851, d'autres crises se reproduisent à intervalles de plus en plus rapprochés. Il est interné à de nombreuses reprises, et, à l'invitation pressante de ses médecins, il écrit des œuvres où il fait part de sa folie, de ses angoisses et d'une idée fixe qui le hante, celle d'avoir à expier une faute qu'il n'arrive pourtant pas à identifier. Entre les périodes d'internement, il voyage et corrige ses manuscrits, mais sa folie est de plus en plus avérée : il se croit descendant d'une noble famille du Valois, certains rêves l'obsèdent et, à l'état de veille, il est victime d'hallucinations. De plus, il est convaincu qu'il est sain d'esprit et que sa folie est en fait un don qui lui permet de voir au-delà des apparences et de communiquer avec les morts. À force de démarches et de sollicitations, il réussit à sortir définitivement des maisons de santé et il refuse tout traitement. Une triste fin l'attend. Sans ressources, sans domicile fixe dans Paris, il compte quelque temps sur ses amis et les membres de sa famille pour survivre, mais il sent qu'il perd pied à

Gérard de Nerval

PORTRAIT DE GÉRARD DE NERVAL.
PHOTOGRAPHIE DE NADAR.

nouveau et, le 26 janvier 1855, il est retrouvé pendu à une grille de la rue de la Vieille Lanterne, près de Châtelet.

L'ŒUVRE POÉTIQUE EXPLIQUÉE

Peu considérable, l'œuvre poétique de Nerval se résume à deux recueils : *Petits Châteaux de Bohême* (1853) et *Les Chimères* (1854). La proximité de leur publication ne doit pas faire illusion : il s'agit d'une part d'une collection d'œuvres de jeunesse, d'autre part, d'un recueil de la maturité.

Petits Châteaux de Bohême

Le premier, *Petits Châteaux de Bohême* (1853), réunit des textes en prose et des poèmes publiés dans les journaux dès les années 1830. Ce sont des œuvres d'inspiration légère et fantaisiste, correspondant bien aux années de vie de bohème. Souvent, le rythme y acquiert une réelle musicalité : c'est le cas d'*Avril* (1831), en octosyllabes, qui traite de la *renaissance* sur un registre à la fois mélancolique et sensuel ; et surtout, de *Fantaisie* (1832). Dans ce dernier poème, où se perçoit l'influence du fantastique allemand, *la musique suscite l'évocation du passé*, un thème fréquent chez les romantiques, mais qui possède ici une « réalité » troublante, puisque le narrateur y accomplit un réel *voyage dans le temps*, à l'époque de Louis XIII (début du XVIIe siècle). De plus, l'œuvre conserve une aura d'étrangeté par la description du château et la mystérieuse présence d'une dame de grande beauté. Le poème intègre la croyance de Nerval en la *métempsycose* et sa recherche de *l'idéal féminin*. C'est le poème qui se rapproche le plus des œuvres de maturité (voir ci-dessous). *La Grand'mère* (1835), plus simple, évite la mièvrerie par *l'expression sincère du souvenir* opposé à l'oubli. En alexandrins, *Le Point noir* (1831), une adaptation d'un sonnet allemand de Bürger, retrace la *naissance du désespoir qui se lie au désir de gloire*. Enfin *Les Cydalises* (1852) cachent, sous ce mot rare, la très romantique *opposition de l'amour à la mort*.

Les Chimères

Insérées à la fin du volume des *Filles du feu*, *Les Chimères* constituent douze sonnets d'une inspiration plus complexe que les poèmes antérieurs, et le véritable titre de gloire de Nerval. Composés dans un état de rêverie fantastique (et de folie), ce sont là des poèmes difficiles, où se mêlent, aux images flamboyantes, les références obscures. Nerval précise à leur endroit qu'ils « perdraient de leur charme à être expliqués, si la chose était possible ». On gagnera donc à se laisser porter par leurs images et leurs symboles étranges, ésotériques ou fantastiques, puisque Nerval veut, par leur entremise, « percer les portes d'ivoire et d'or qui nous séparent du monde visible ». Notons en outre que Nerval dédouble certains thèmes des *Chimères* : ainsi en est-il de l'idéal féminin personnifié par des figures tantôt religieuses, tantôt païennes ; de la mort, source à la fois d'une fascination et d'une épouvante ; ou de l'obsession du péché associée à une contradictoire hantise du pardon. *El Desdichado* (Le Déshérité), le premier et le plus célèbre poème du recueil, prend l'allure d'une confession amère, par laquelle le narrateur, sur un ton déclamatoire et mélancolique, nous fait part de l'amour qu'il a perdu (1re strophe) et dont il exige le retour (2e strophe) avant de tromper son désarroi, en recherchant sa propre identité dans des souvenirs d'amour, de gloire, d'art et de mort (3e et 4e strophes). *Myrtho*, poème serti de références mythologiques, est une *adresse à l'éternel féminin*, vaguement associé ici, sous le nom de Myrtho, à une divinité proche de Vénus (l'Amour). Dans un paysage napolitain, le narrateur évoque les souvenirs et les regrets des temps vécus (ou qu'il imagine avoir vécus) auprès de la « divine enchanteresse » (vers 1), dont le culte païen a cessé depuis que les chrétiens se sont rendus maîtres des lieux (« Depuis qu'un duc normand brisa tes dieux d'argile » — vers 12). De ce poème, le dernier vers est particulièrement obscur. Enfin, *Vers dorés* est une apostrophe à l'Homme et à ses prétentions à la vie et à la conscience dans ce qui apparaît comme une *célébration de l'animisme*[1] *de Pythagore*.

Alfred de Musset (1810-1857)

DONNÉES BIOGRAPHIQUES

Plus encore que celles de Victor Hugo ou de Gérard de Nerval, la vie d'Alfred de Musset apparaît typiquement romantique : brève, bohème,

---

1. Vision du monde attribuant aux choses des attributs comparables à ceux de l'espèce humaine.

ALFRED DE MUSSET.
TABLEAU DE CHARLES
LANDELLE.

GEORGE SAND.
PHOTOGRAPHIE DE
NADAR (1864).

passionnée, tragique et plus productive dans les années de jeunesse que dans celles de la maturité. Tendrement unis, riches et fort cultivés, les parents du jeune Alfred encouragent le talent précoce de leur fils (il écrit des vers dès l'âge de quatorze ans), dans un foyer où règnent le bonheur et la joie de vivre. À dix-huit ans, Alfred est introduit dans le Cénacle de Victor Hugo, où il se lie d'amitié avec Nodier, Vigny, Sainte-Beuve, mais il ne se décide pas à prendre au sérieux l'écriture. Bien que ses parents, après l'avoir vu embrasser, puis abandonner tour à tour des études en droit, en médecine, en musique et en dessin, lui permettent d'agir à sa guise, Musset ne fait rien de bon et mène une vie de bohème, fréquentant moins les salons littéraires que les théâtres, les bals et… les femmes, auprès desquelles sa silhouette élégante obtient beaucoup de succès. De ces amours volages, décevantes pour un jeune homme épris d'idéal, l'écrivain conserve un goût amer qui fait croître en lui le germe d'une conception pessimiste de l'amour et de la femme. En 1830 paraît un recueil qui fait scandale, les *Contes d'Espagne et d'Italie*, parce que Musset y caricature les procédés romantiques. Un an plus tard, sa première pièce ayant été sifflée à l'Odéon, Musset jure de ne plus affronter la scène. Cependant son père meurt entre-temps, ce qui l'oblige à gagner sa vie. Il écrira *Un spectacle dans un fauteuil*, le premier recueil d'une série, où se retrouvent surtout des pièces de théâtre non destinées à la scène. Puis Musset expérimente le roman (*La Confession d'un enfant du siècle*, 1832), sans toutefois délaisser la poésie. En 1833, la rencontre avec George Sand, femme de lettres célèbre, altière et fort intelligente, détermine le début d'une passion peu commune qui, loin d'éloigner Musset de sa table d'écriture, le fait entrer dans sa période la plus féconde. Mais la passion a ses revers : aux moments de grand bonheur succèdent des disputes orageuses et des passages à vide. Après deux ans de ruptures et de réconciliations successives, las de leur tumultueuse relation, Musset et George Sand conviennent d'y mettre fin. Musset connaît ensuite un grand nombre de relations amoureuses et les mésaventures qu'elles lui font vivre se retrouvent souvent dans les péripéties de telle ou telle de ses œuvres. À trente ans, l'alcool et les plaisirs, auxquels se sont ajoutées les complications d'une faiblesse cardiaque, l'ont irrémédiablement miné ; sa production décline, devient plus conservatrice. Élu à l'Académie française en 1852, il meurt cinq ans plus tard, oublié.

L'ŒUVRE POÉTIQUE EXPLIQUÉE

À la fois classique et romantique, la poésie d'Alfred de Musset cherche à concilier les deux doctrines, à prendre de chacune ce qu'elles offrent de sensible dans l'expression des sentiments. Par exemple, le classicisme de Racine, qui expose avec logique la fatalité des passions, devrait être fondu ou soutenu, en dépit du paradoxe, par la fougue échevelée contenue dans le théâtre de Shakespeare, en qui les romantiques avaient toujours vu le modèle ancien à imiter (le théâtre de Hugo, par exemple, s'en inspire). Musset cherche à concilier ces apparentes oppositions esthétiques afin d'exprimer, dans une *poésie du cœur*, l'émotion insaisissable avec toute la spontanéité et la sincérité possibles. Plus que chez Lamartine ou Hugo, le vers romantique acquiert avec Musset une simplicité et une fraîcheur qui le rendent immédiatement intelligible. Ce que le poète exprime, c'est toujours l'amour, et il le dit avec des mots simples, usant rarement de références mythologiques, chrétiennes ou historiques et rejetant tout engagement politique. Chez Musset, en effet, point de dénonciations politiques et sociales, qu'il estime impropres à la mission sensible du poète. Toute poésie se lit par le cœur, pour le cœur et Musset, plus que tout autre romantique, cherche à plaire, tant à la foule qu'aux connaisseurs, tout en refusant les effets faciles ou la sentimentalité affectée. Musset, sévère à l'endroit des poètes de la première génération romantique, considère Hugo grandiloquent et Lamartine, pleurnichard : « [...] je hais les pleurards, les amants de la nuit, des lacs », écrit-il dans *La Coupe et les Lèvres*, en 1831.

Contes d'Espagne et d'Italie

L'année précédente, il était allé au bout de cette attitude critique et irrévérencieuse en se moquant, dans les *Contes d'Espagne et d'Italie*, des procédés et des tics de la poésie romantique. *Venise*, par son cadre pittoresque convenu, la *Ballade à la lune*, par son sujet rabâché, donnent une bonne idée de l'ironie dont use Musset à l'endroit de ce qu'il a appelé le « romantisme flamboyant ». Cette ironie n'a pas été comprise des premiers lecteurs, qui ont parcouru avec sérieux des poèmes dont les outrances et la fantaisie, créées à dessein par le rythme cocasse, le choix malicieux des mots et des sonorités, doivent être lues avec un sourire en coin. Cet impertinent recueil cause un froid entre Musset et les poètes du Cénacle (surnommé la «boutique romantique» par notre poète).

Les Nuits

Après d'autres recueils, tantôt classiques (*Les Secrètes Pensées de Rafaël*, 1830), tantôt railleurs (*Nanouma*, 1832), Musset offre un lyrisme plus personnel et plus sincère dans *Les Nuits* (1835-37). La relation avec George Sand n'est probablement pas étrangère à la soudaine maturité du poète. Dans *La Nuit de décembre*, la fantaisie brillante fait place à une confidence qui met l'âme à nu. Inspiré du fantastique allemand, le sujet illustre la réelle détresse du poète (qui était sujet à des hallucinations de ce genre) dans le récit versifié d'une existence troublée par les apparitions d'un double. Par tranches de deux strophes, le narrateur fait d'abord état des apparitions fantastiques qui ont ponctué certains épisodes pénibles de sa vie. Le dernier de ceux-ci évoque la mort du père[1], qui précède une première interrogation (donnée sous forme d'alternative «ange ou démon» — vers 65) sur l'identité de cette «ombre amie» (vers 66). Quand le narrateur reprend le fil du récit par une large évocation de ses nombreux voyages («Partout où [...] / Sur ma route est venu s'asseoir / Un malheureux vêtu de noir» — vers 105 à 107), le mystère acquiert une dimension plus troublante. Puis l'interrogation reprend[2], cette fois sous une forme vraiment interrogative et aussi plus affirmée, puisque les sizains deviennent des strophes de neuf vers. Le narrateur y propose tour à tour des solutions approximatives («Elle ressemble à l'Amitié» — vers 117) et des contradictions («Tu n'es pas mon bon ange» — vers 118), accentuant encore la part du mystère et la montée dramatique, dont le paroxysme est atteint au moment de l'apparition du double, la nuit où le poète constate avec douleur le départ et l'absence de la femme aimée. Pressée de questions par le narrateur, la Vision élève alors la voix et, dans un poignant discours, révèle son identité (strophes 29 à 31).

---

1. Puisque Musset avait perdu le sien quelques années auparavant, on ne peut manquer de faire le lien et de comprendre en cela la raison même de ce dernier épisode.
2. «Qui donc es-tu?» insiste le narrateur, pas moins de huit fois, à intervalles de plus en plus rapprochés.

Le Chandelier

Dernier chef-d'œuvre du théâtre de Musset, *Le Chandelier* (1835) met en scène le jeune clerc Fortunio, dont le cœur s'éprend de la belle et volage Jacqueline, épouse de son employeur. Dans sa naïveté, Fortunio croit que Jacqueline répond à son amour alors qu'elle fait de lui un « chandelier » pour détourner les soupçons de son mari et vivre sans inquiétude sa relation avec Clavaroche, un viril capitaine des dragons. Toutefois Fortunio surprend une conversation et comprend bientôt son rôle ; loin de s'en froisser, il avoue à Jacqueline sa fierté de la servir, même dans une fonction aussi déshonorante, puisqu'il l'aime plus que tout, plus que lui-même. Cette sincérité candide touche la belle, et le capitaine s'étant rendu lâche à ses yeux, elle garde auprès d'elle l'adolescent à l'amour pur. Dès l'acte I, comme fréquemment chez Musset, l'action est nouée, et c'est à table, invité par Jacqueline, que Fortunio entonne une chanson devenue célèbre et mise en musique par plusieurs compositeurs[1]. Cette *Chanson de Fortunio*, jolie romance, laisse voir le côté léger et galant de notre poète, sans la raillerie ou la tristesse qui l'assaillent si souvent. Elle sera ajoutée au recueil de *Poésies nouvelles* publié en 1840, qui réunit des œuvres publiées antérieurement dans les journaux, dont *Adieu* (1839), *Jamais* (1839) et *Tristesse* (1840). Le premier de ces poèmes livre un adieu émouvant de l'être abandonné à l'être aimé. À celui-ci, aucun obstacle n'est opposé, sinon, à la dernière strophe, la prédiction d'un désarroi futur, rançon de son insensibilité envers un amour sincère et pur. Le deuxième poème, un sonnet en alexandrins, où transparaît le ton léger et amer des comédies de Musset, met en scène le refus cinglant d'une marquise face à la demande d'amour d'un narrateur tout aux regrets de ne pas avoir été compris par cette femme qui a cru qu'il exprimait un désir trivial, alors qu'il ressentait pour elle un amour sincère. Enfin, un dernier sonnet, *Tristesse*, peut-être le plus sincère témoignage que nous ait laissé Musset, montre le bilan d'une vie dans laquelle les désillusions et les errements se résument à ce qui fait le prix et l'amertume de toute existence : pleurer.

---

1. La plus célèbre est tirée de la comédie lyrique *Fortunio* d'André Messager (1853-1929), dont le livret suit de très près la pièce de Musset.

LES ŒUVRES ÉTRANGÈRES

Ceux qui désirent approfondir leur connaissance de la poésie romantique française doivent comprendre que ses thèmes et ses idées ne représentent pas justement la pensée *française*. Ce sont les Anglais et les Allemands qui ont d'abord donné le ton et la tournure propres à la poésie romantique : les Grands Poètes français ont hérité de cet apport étranger, qu'ils ont su façonner selon leur tempérament. Donnons ici un bref relevé des principales œuvres étrangères qui ont servi de modèles à la poésie française ou qui l'ont directement influencée.

Le romantisme anglais

Les Saisons[1] (1730), long poème de James Thomson (1700-1748) maintes fois plagié par les poètes français, apparaît aujourd'hui comme la première manifestation proprement littéraire du *sensualisme* de John Locke. On y retrouve un nouveau réalisme des sentiments, associé aux beautés de la nature, et un lyrisme lié à une perception du monde par les sens (vue, ouïe, odorat, toucher, goût) dans une perspective chrétienne. Dans *Les Saisons*, Thomson décrit successivement de paisibles travaux des champs, une chasse au cerf avec cor et chevauchées, une fête villageoise au cours de laquelle vin et musique suscitent rires et plaisanteries ; prenant soin dans tous ces tableaux de faire ressentir au lecteur l'atmosphère, les odeurs, les couleurs, les saveurs, ainsi que les inquiétudes d'un couple de jeunes paysans amoureux. Thomson innove puisque sa peinture de la nature n'est pas désincarnée. Au contraire, elle est charnelle, grouillante, vivante, tout comme sa présentation de l'amour dans le cadre de la nature. Jusqu'alors cette dernière avait souvent revêtu l'aspect d'une pastorale copiée sur les chefs-d'œuvre de l'Antiquité (*cf. Daphnis et Chloé* de Longus, texte du IIe siècle de notre ère). Or, dans *Les Saisons*,

---

1. En 1801, le grand compositeur autrichien Joseph Haydn (1732-1809) mit en musique *Les Saisons*, créant du coup un oratorio profane qui compte parmi ses chefs-d'œuvre et assurant à l'œuvre de Thomson une actualité, au moment même où éclatait la révolution romantique.

l'amour est celui de paysans contemporains et la description de leur vie, bien qu'en partie idéalisée puisque Thomson sacrifie encore à une facture classique, n'en demeure pas moins plus réaliste que l'évocation de bergers et de bergères dans les pastorales mignardes du XVIIᵉ siècle. Certes, Thomson n'est pas encore un romantique, puisqu'il condamne la passion et valorise la constance et la fidélité du mariage, mais le registre de son poème possède une fraîcheur qui annonce le pittoresque et les effets de couleur locale si chers aux poètes romantiques du XIXᵉ siècle.

La première traduction littéraire de la tristesse et de la mélancolie romantiques paraît sous la plume de l'Anglais Edward Young (1683-1765) ; il s'agit du recueil poétique *Les Nuits* (1742-1745), dont se souviendra Alfred de Musset. Le narrateur, à la suite du décès de proches qui lui étaient chers, s'entretient avec un ami de la vanité des choses de ce monde et de la magnificence de Dieu. Pour illustrer son discours philosophique et chrétien, basé sur une confiance indéfectible en l'homme vertueux et la foi en l'immortalité de l'âme, l'écriture en vers blancs de Young use de métaphores et d'images que les futurs romantiques reprendront à l'envi : la grandeur mélancolique des ruines et des vestiges du passé, la volupté des regrets et des larmes, le cheminement plein de souffrances de la vie et le repos éternel de la tombe, mais surtout la supériorité de la nuit sur le jour, puisque celui-ci ne laisse briller qu'un seul soleil alors que celle-là en révèle une multitude, preuve éloquente de la toute-puissance de Dieu.

Les Nuits de Young ne sont pas étrangères aux teintes plus sombres qu'acquiert, dès cette époque, la poésie anglaise : ainsi en est-il du poème de Thomas Gray (1716-1771) intitulé *Élégie écrite dans un cimetière campagnard* (1751). Dans cette élégie, le poète s'est arrêté, au crépuscule, dans un cimetière de campagne, d'où il contemple le coucher du soleil sur un paysage étrangement silencieux. Sous les modestes tombes qui l'environnent, ornées de naïves épitaphes, reposent les ancêtres du village, de simples paysans, disparus à jamais et dont les vies ont été entièrement vouées aux humbles tâches quotidiennes. Sur ces pauvres paysans, le poète soupire : s'ils avaient eu un peu plus d'éducation et s'ils avaient été un peu moins pauvres, certains d'entre eux seraient devenus de grands poètes ou de puissants hommes d'État. Heureuse aura toutefois été leur condition, exempte des vices si fréquents chez ceux qui ne vivent plus, comme eux, en harmonie avec la nature. Car c'est elle qui domine tout et qui élève sa voix au-dessus de ce cimetière isolé, cimetière où le poète lui-même sera un jour enseveli, où un voyageur solitaire sera un jour enclin à demander ce qu'il est advenu de lui et à qui quelque vieillard, se souvenant d'une silhouette sur fond de couchant, désignera à l'étranger une épitaphe gravée sur une tombe. L'*Élégie*, par sa perfection stylistique et sa délicate mélancolie, met à la mode de nombreux thèmes repris et développés plus tard par les romantiques : imagination, souvenirs, regrets du temps perdu, du temps qui passe, lieux naturels et solitaires (ruines et cimetière). Le poème de Gray précise aussi ce pessimisme réflexif, dont se souviendra Lamartine dans ses *Méditations poétiques*, et ouvre la porte à l'évocation des morts, au mystère de l'au-delà et à la présence du fantastique. Il manque seulement à cette élégie un cadre temporel qui soit propice à une dimension fantastique. En effet, à ses débuts, le fantastique privilégie des lieux (Italie, Espagne, etc.) ou des temps éloignés (Moyen Âge, Renaissance, etc.), comme s'il était impossible de faire apparaître des éléments fantastiques dans un cadre quotidien (ce à quoi, après le romantisme, le fantastique sera très enclin). C'est pourquoi en Angleterre comme en Allemagne, pendant la décennie 1760, le Moyen Âge, époque jugée alors parmi les plus ténébreuses de l'humanité et dont les vestiges (châteaux, monastères, donjons, etc.) jonchent toute l'Europe, devient un nouveau centre d'intérêts. C'est le moment où naît en Angleterre, grâce à Horace Walpole (1717-1797) et à son roman *Le Château d'Otrante* (1764), le roman noir ou roman gothique, aïeul du fantastique, aux récits qui se déroulent rarement au Moyen Âge, mais dans lesquels se retrouvent des ruines, des objets, des livres et des pratiques de sorcellerie qui remontent aux temps médiévaux.

En 1760, l'Écossais James Macpherson (1736-1796) publie ce qu'il prétend être une traduction en anglais des poèmes du barde gaélique Ossian, qui aurait vécu au IIIe siècle. Dans ce recueil, œuvre favorite de Napoléon et modèle maintes fois copié, sont retracés d'abord les hauts faits de l'épopée de Fingal, fils de Combal, roi de Morven

(Calédonie), qui réussit à libérer l'Irlande du joug despotique de Swaran, roi du Lochlin (Scandinavie). Au contraire de ce que l'on aurait cru deviner, l'ensemble du poème n'est pas accaparé par la narration des combats et des péripéties guerrières. Plus d'une fois, il cède aux descriptions lyriques et il narre dans des chants qui devaient jadis être accompagnés par la harpe, des épisodes de chasse, de secrètes entrevues entre amants, des enlèvements, des fuites, des naufrages, bref des épisodes entièrement dévolus à l'aventure et à l'amour. Écrits dans une langue simple, aux métaphores claires, où transpire un souci du pittoresque, les poèmes d'Ossian laissent transparaître une sensibilité qui n'a que peu à voir avec le Moyen Âge. À la fin de sa vie, pressé de livrer les manuscrits originaux des poèmes du barde gaélique, Macpherson ne cesse de se dérober, soulevant de nombreux doutes quant à leur authenticité. C'est après sa mort que l'on s'aperçoit qu'il avait pris force libertés dans sa traduction et que des épisodes entiers de l'épopée ont été inventés par lui. Vision tronquée, idéalisée, « romantisée » d'une œuvre du Moyen Âge, les *Poèmes d'Ossian* de Macpherson, l'une des supercheries les plus habiles de toute l'histoire de la littérature, n'en suscita pas moins un engouement sans précédent pour le Moyen Âge et pour toutes les époques révolues. À n'en pas douter, l'œuvre a stimulé la prolifération du roman historique pendant la période romantique, genre dont Walter Scott (1771-1832) sera le représentant le plus illustre, mais qu'emprunteront à sa suite le Victor Hugo de *Notre-Dame de Paris*, le Vigny de *Cinq-Mars*, le Nerval de *La Main enchantée*. En poésie, des traces de ce « folklore » fabriqué apparaissent dans plusieurs poèmes de Vigny, de Hugo, de Nerval et, de façon parodique, chez Musset.

Grâce à la littérature anglaise, des thèmes nouveaux s'introduiront dans la poésie française : le sensualisme, la chrétienté, le sentimentalisme, l'individualisme, l'imagination, la mélancolie, le rêve, l'Histoire, le patriotisme et le fantastique. Les préromantiques anglais, Robert Burns (1759-1796) et William Blake (1757-1827), abordent tous ces thèmes dans leurs œuvres et ne seront surpassés que par les romantiques anglais du xixᵉ siècle : William Wordsworth (1770-1850) dans ses *Ballades lyriques* (1798), Samuel Coleridge (1772-1834) dans sa très célèbre *Ballade du vieux marin* (1798), Percy Shelley[1] (1792-1822) dans *La Reine Mab* (1813) et *Prométhée délivré* (1820), John Keats (1795-1821) dans *Hypérion* (1820), et surtout Lord Byron (1788-1824). Ce dernier, le plus important de tous, a été longtemps adulé par les écrivains romantiques de tous les pays pour ses vastes poèmes, dont le célèbre *Pèlerinage du Chevalier Harold* (1812-1818), œuvre à laquelle Alphonse de Lamartine donne une suite, en 1825, intitulée *Le Dernier Chant du pèlerinage d'Harold*. Toutefois, en dépit de ses intuitions et de ses réussites, le romantisme anglais n'a pas su donner un cadre théorique à la nouvelle sensibilité romantique. Ce sera l'apport des Allemands.

Le romantisme allemand

Les œuvres allemandes du préromantisme semblent d'abord être à la remorque de leurs modèles anglais. Chez Friedrich Klopstock (1724-1803), par exemple, en dépit d'un style irréprochable, le lyrisme, le sentimentalisme et l'évocation de la nature se rapprochent de ceux de Thomson et de Richardson. Mais, autour de Klopstock se forme un cercle de «bardes» intéressés à faire revivre le Moyen Âge dans des œuvres à saveur folklorique. Le poète Gottfried August Bürger (1747-1794) est l'auteur de *Ballades* d'inspiration fantastique et médiévale, dont la célèbre *Lénore* (1770), récit effrayant d'une jeune fiancée qui, après avoir cherché en vain son fiancé parmi la troupe des soldats revenus de la guerre, souhaite que la Mort vienne se saisir d'elle. À la nuit tombée, on frappe à la porte : c'est le fiancé tant espéré qui offre à Lénore de l'enlever sur son cheval noir. En pleine nuit, entourés d'un cortège de fantômes, les amants commencent alors une chevauchée fantastique qui les conduit à un cimetière. Là, parmi les tombes, l'armure du fiancé tombe en lambeaux et Lénore, glacée d'effroi, se retrouve face à la Mort, qui se saisit d'elle et l'emporte. On se

---

1. Il épousa lors d'un second mariage Mary Shelley (1797-1851), l'auteure de *Frankenstein ou le Prométhée moderne* (1817).

rappellera ce récit quand on lira *À quoi songeaient les deux cavaliers dans la forêt* de Victor Hugo.

Il revient aux Allemands d'avoir défini l'attitude d'opposition aux anciennes idées esthétiques qu'adoptent très tôt les romantiques. Les Allemands sont de jeunes contestataires aussi farouches que sensibles. S'ils aspirent à une plus grande liberté en art, s'ils refusent le carcan de la raison, c'est pour mieux se livrer au tumulte des passions. En somme, l'éclosion d'un sentiment devient la conséquence d'un désir de liberté auquel les Allemands font appel dans des œuvres aux manifestations sentimentales déchaînées. C'est le principe essentiel du mouvement du *Sturm und Drang* (Orage et assaut), qui entend libérer la sensibilité créatrice des règles classiques et des contraintes du « beau », et qui est rapidement dominé par la pensée du plus grand écrivain de toute la littérature allemande, Johann Wolfgang von Goethe (1749-1832). Deux œuvres de Goethe résument fort bien ses thèmes et ses idées : *Les Souffrances du jeune Werther* (1774-1787) et *Faust* (1773-1831).

Dans la première, un roman épistolaire, Werther, jeune homme rêveur et cultivé, conscient de la sensibilité excessive qui l'anime, est venu s'établir à W..., une petite ville d'Allemagne. Il y recherche, non sans peine, des êtres qui lui ressemblent, avec qui il pourrait partager son « cœur » tout empreint de la grandeur de Dieu et des beautés de la nature. Artiste incapable de créer l'œuvre qu'il sent pourtant germer en lui, Werther tente de pallier son impuissance en calquant sa propre vie sur un idéal de foi, de vertu et d'amour. Attiré par les êtres et les choses les plus humbles, il est heureux de vivre en toute simplicité, de fraterniser avec les paysans de la campagne environnante et de mener une vie au grand air, lorsqu'il rencontre Charlotte, jeune fille promise à un riche bourgeois, et s'éprend d'elle. La passion de Werther n'en est pourtant pas amoindrie. Assez vite, il devient l'un des proches du couple, mais sa personnalité, toute faite d'honnêteté, ne peut supporter longtemps cette situation équivoque. Werther accepte donc une charge diplomatique et quitte la ville de W... Dans ses fonctions de secrétaire d'ambassade, il ne tarde pas à déplaire à ses supérieurs, en raison de son indépendance d'esprit et du peu de cas qu'il fait des barrières sociales. À la suite d'un affront, où on lui rappelle sans délicatesse sa condition de roturier, il démissionne et retourne à W… Là, il ose exprimer son amour à une Charlotte qui, après avoir épousé Albert, est déçue de la vie conjugale, mais affirme qu'elle se refusera toujours à trahir son époux. Dévoré par une passion impossible, détruit par l'échec que semble constituer sa vie, Werther ne trouve aucune issue et se suicide d'un coup de pistolet. De ce roman, remarquons immédiatement la forme épistolaire et la thématique de l'amour impossible, fort semblable à celle de *Julie ou la Nouvelle Héloïse* parue une douzaine d'années plus tôt. Pourtant, à la lecture, l'œuvre de Goethe diffère incontestablement de celle de Rousseau. La passion de Werther, plus enfiévrée que celle de Saint-Preux, son suicide aux accents si fous et si désespérés donnent au jeune héros allemand une supériorité dans la passion, qui, associée à sa combativité politique, à sa foi profondément chrétienne et à son intérêt envers les humbles et la nature, servira de modèle aux romantiques.

Quant à *Faust*, c'est surtout sa première partie (1773) qui frappe l'imagination des romantiques. Le vieux savant Faust, insatisfait d'un savoir, pourtant acquis au prix d'une vie d'efforts, dont il n'a retiré ni gloire, ni fortune, ni bonheur, accepte le pacte que lui propose Méphistophélès, un suppôt de Satan : en échange de la soumission du démon à tous ses désirs, Faust lui vend son âme. Méphisto doit toutefois prouver au vieux savant que le bonheur idéal et parfait se trouve en un lieu de l'univers, ce qui ne se révèle pas aussi aisé que le démon l'avait d'abord cru. Après avoir souhaité et obtenu de rajeunir, Faust croise dans une rue la jeune et pure Marguerite, et obtient du démon d'être introduit auprès d'elle. Un coffret de bijoux est d'abord offert, sans grand succès, à la naïve Marguerite, puis Faust peut faire sa connaissance et, lentement, tisser sa toile ; quelque temps après, Marguerite s'abandonne à Faust, acceptant même de droguer sa protectrice pour cacher son acte immoral. Immédiatement après, Faust, qui avait pourtant cru trouver le bonheur dans l'assouvissement de sa passion, est déçu et abandonne bientôt la pauvre enfant à son sort. Devenue folle de désespoir, Marguerite tue l'enfant qu'elle avait conçu avec Faust et est condamnée à la peine capitale. Apprenant par hasard ce dénouement tragique, Faust est pris de remords. Grâce à l'aide surnaturelle de Méphistophélès, il atteint Marguerite dans le cachot où elle est enfermée, quelques heures avant son exécution, et tente de la faire évader, mais elle refuse de le suivre et préfère mourir pénitente, ayant foi en Dieu qui lui accordera finalement Sa miséricorde. Dans cette œuvre, Goethe échafaude une réflexion puissante sur les thèmes de la condition humaine et des passions en butte au savoir et à la morale dans un cadre qui oscille entre un réalisme de la sensibilité (l'histoire de Marguerite) et un surnaturel flamboyant (les voyages de Faust et du démon). Tour à tour, dans cette pièce que Goethe avouait être injouable sur scène, le ton se fait philosophique (la scène du cabinet de Faust), poétique (la chevauchée de Faust et de Méphisto), grotesque (la cuisine de la sorcière) et tragique (la scène du cachot), en somme, un mélange des registres dramatiques auquel sera tout particulièrement sensible Victor Hugo. Ajoutons que Goethe, grand poète, laisse un nombre impressionnant de recueils de poésie, qui reçoivent audience et crédit auprès des romantiques.

Sous l'impulsion de Goethe, toute l'Allemagne vibre bientôt au diapason du romantisme. Si le peintre David Caspar Freidrich incarne en peinture l'idéal romantique, une pléthore de compositeurs (Beethoven, Schubert, Schumann, Mendelssohn) et de penseurs allemands (Fichte, Schelling, Schopenhauer) ont eux aussi contribué à sa diffusion dans toute l'Europe. En outre, les nombreux auteurs de récits fantastiques (Achim von Arnim, Clemens Brentano, Adelbert Chamisso, les frères Grimm, Jean Paul Richter, Ludwig Tieck et surtout E. T. A. Hoffmann) ont exercé une influence déterminante sur les auteurs français qui se prêteront bien après eux au genre (Théophile Gautier, Gérard de Nerval, Prosper Mérimée).

Faust par Wolfgang Goethe, traduit par Gérard de Nerval.

HOMME LISANT À LA LUEUR DE LA LAMPE.

HUILE SUR TOILE DE GEORG GRIEDRICH KERSTING (1814).

PLONGÉE
DANS L'ŒUVRE

QUESTIONS SUR LES POÈMES
DE LAMARTINE

L'Isolement (*Méditations poétiques*, I) (p. 9)

1. Quels adverbes et adjectifs permettent de qualifier l'état psychologique du narrateur?
2. Relevez les mentions du sens de la vue et précisez comment le narrateur en fait usage et ce qu'il regarde. Rendez compte des articulations narratives ainsi trouvées.
3. Expliquez la métaphore au vers 20.
4. Quel vers célèbre de ce poème fait comprendre que la cause du sentiment d'isolement ressenti par le narrateur est l'absence de l'être aimé?
5. Dans le poème, le mot « char » revient à deux reprises (v. 11 et 45). Quelle définition le dictionnaire donne-t-il de ce mot? Que signifie ici chacune de ses occurrences? Commentez cette différence de sens par rapport au temps du poème.
6. Résumez le souhait exprimé par le narrateur à partir de la 9e strophe. Citez des vers à l'appui.

Vers l'analyse littéraire

7. Analysez le refus de toute vie terrestre exprimé par le narrateur.

Le Soir (*Méditations poétiques*, IV) (p. 11)

1. Dans ce poème, quels mots désignent la lune?
2. Quels sentiments la lune suscite-t-elle chez le narrateur?
3. Quels vers laissent entendre que le narrateur passe à une perception différente de la réalité?
4. Que demande le narrateur aux « ombres chéries » (v. 41)? L'obtient-il?
5. Expliquez la comparaison de l'avant-dernière strophe.

Vers l'analyse littéraire

6. Montrez comment le cadre et l'imagination se relaient pour exprimer et modifier les sentiments du narrateur.

LE VALLON (*Méditations poétiques*, VI) (P. 13)

1. Comparez les deux premières strophes du *Vallon* à celles des deux précédentes méditations. Attachez-vous au cadre, aux sentiments exprimés et à la tonalité.
2. Lesquels des cinq sens sont ici mentionnés? Relevez les vers où ils apparaissent et précisez s'ils le sont au sens propre ou au sens figuré. En quoi ces vers rejoignent-ils votre réponse à la question précédente?
3. Quel vers célèbre de ce poème souligne la volonté chez le narrateur de faire table rase du passé?
4. Citez deux autres vers qui résument le rapport à la nature que propose le narrateur.

Vers l'analyse littéraire

5. Montrez que les sentiments ressentis par le narrateur sont liés aux lieux et aux sens.

LE LAC (*Méditations poétiques*, XIII) (P. 16)

1. Relevez tous les noms nécessaires à l'évocation de l'univers lacustre du poème. (Tenez compte de l'adjectif associé au nom, s'il y a lieu.) Expliquez leur rapport au récit du narrateur.
2. Qui prononce le vers célèbre de ce poème: « Ô temps! suspends ton vol... »? Donnez-en la signification.
3. Quelle est la tonalité du poème? Donnez quelques mots des deux premières strophes qui puissent soutenir votre réponse.
4. La tonalité se modifie-t-elle lorsque la femme aimée prend la parole? Donnez quelques vers du passage qui justifie votre réponse.

5. Relevez tous les mots relatifs au temps. La liste une fois dressée, identifiez quels sont les deux types de temporalité présents dans le poème.

6. Quelle vision le narrateur donne-t-il de la nature ? Trouvez deux vers consécutifs qui résument sa pensée.

Vers l'analyse littéraire

7. Analysez le discours de la femme aimée et celui du narrateur sur les rapports qui existent entre l'Homme et le Temps. Les deux personnages tirent-ils les mêmes conclusions ? Offrent-ils les mêmes solutions ?

L'Automne (*Méditations poétiques*, XXIX) (p. 19)

1. Dans la 1re strophe, commentez la répétition de la salutation (v. 1 et 3).

2. Combien de fois retrouve-t-on les pronoms « je » (ou « j' ») et « me » (ou « m' ») dans le poème ?

3. Choisissez deux vers qui expliquent ce que représente l'automne aux yeux du narrateur.

4. Dans la 4e strophe, quelles attitudes se partagent la volonté du narrateur ?

5. Quel vers de la 5e strophe résume le mieux le poème ?

6. Expliquez la métaphore (qui présente une opposition) au vers 22. À la lumière de cette explication, comment comprendre l'expression « goutte de miel » au vers 24 ?

7. À la 7e strophe, comment l'avenir est-il perçu ?

8. En quoi la mort du narrateur diffère-t-elle de celle de la fleur ? Tentez une explication.

9. Quelle allitération est perceptible au vers 31 ?

Vers l'analyse littéraire

10. Analysez les étapes du renoncement à la vie du narrateur.

À El*** (*Nouvelles Méditations poétiques*, XI) (p. 21)

1. Relevez les verbes associés au narrateur de ce poème. Lorsqu'il y a lieu, précisez par quoi est remplacé le sujet « je ».
2. À l'aide de la réponse précédente, faites état des sentiments successivement ressentis par le narrateur.
3. Relevez les adjectifs et les verbes associés à la femme aimée, puis faites état de son attitude.
4. Relevez les deux comparaisons du poème et expliquez-les.

Vers l'analyse littéraire

5. Montrez la succession des rapports qui existent entre les deux personnages du poème.

L'Occident (*Harmonies poétiques et religieuses,* livre deuxième, II) (p. 23)

1. De quoi est-il question aux vers 17 et 18 ?
2. Y a-t-il une amplification au vers 35 ? Expliquez le vers.
3. Expliquez les vers 37 et 38.

Vers l'analyse littéraire

4. Comment s'imposent au narrateur la présence et la puissance de Dieu ?

QUESTIONS SUR LES POÈMES
DE VIGNY

Le Bal (*Poèmes antiques et modernes, Livre moderne*) (p. 26)

1. Quel sentiment peut être associé à chaque fleur ou mot évoquant la fleur ?

2. Dans la 5e strophe, quel rôle social la femme prend-elle ? Quelles en sont les épreuves ?

3. Dans la 7e strophe, quels mots accordent une connotation plus sombre au poème ? À quoi ces mots sont-ils relatifs ?

Vers l'analyse littéraire

4. Analysez les oppositions qui traversent le poème.

LA MAISON DU BERGER (*Les Destinées, Poèmes philosophiques*) (P. 29)

1. Commentez les quatre premières strophes. Attachez-vous à leurs premiers mots.

2. Pourquoi l'attitude du narrateur par rapport au voyage est-elle différente aux 9e et 18e strophes ?

3. Dans la seconde partie du poème, relevez les noms propres et communs (et leurs adjectifs, s'il y a lieu) qui désignent ou connotent la poésie. Commentez la liste ainsi dressée.

4. Quelle figure de style apparaît aux vers 29, 279 et 316 ?

5. Résumez les propos que tient la nature à partir du vers 281.

Vers l'analyse littéraire

6. Analysez la valeur qu'accorde le narrateur à la poésie.

LA MORT DU LOUP (*Les Destinées, Poèmes philosophiques*) (P. 42)

1. Dans la première partie, les loups sont-ils anoblis par la description du narrateur ? Expliquez.

2. Dans la deuxième partie, qu'obtiennent les chiens et qu'offrent-ils en échange ?

3. Dans la troisième partie, quels sont les deux vers les plus cinglants à l'endroit de l'espèce humaine ? Quels sont ceux (non consécutifs) qui précisent l'attitude à opposer à la mort ?

Vers l'analyse littéraire

4. Analysez le propos de l'auteur sur la mort.

QUESTIONS SUR LES POÈMES
DE HUGO

LES DJINNS (*Les Orientales*, 27) (P. 47)

1. Établissez la liste des bruits et des sons qu'évoque le poème jusqu'au paroxysme infernal de la 8ᵉ strophe. Précisez la nature du bruit et la connotation générale qui se dégage de l'ensemble de ces sons.
2. Au plus fort de la tourmente, que promet le personnage/ narrateur, et à qui? Que peut-on ainsi inférer sur la religion du personnage?
3. À la 4ᵉ strophe, quels mots contredisent votre précédente réponse? Expliquez.

Vers l'analyse littéraire

4. Dans ce poème, analysez la montée dramatique de la peur.

RÊVERIE (*Les Orientales*, 36) (P. 51)

1. Relevez les mots qui «colorent» les choses évoquées dans le poème. Précisez la couleur mentionnée.
2. À quels moments de la journée le poème se déroule-t-il? Justifiez votre réponse par un seul vers du poème. Recommencez l'exercice avec la saison.
3. Comment est introduit le thème de l'évasion dans le poème? Donnez les deux vers marquants.
4. Quels mots renvoient à un univers imaginaire ou exotique?
5. Faites une synthèse et décrivez l'image que le narrateur souhaite voir.
6. Relevez les métaphores qui illustrent les raisons qu'a le narrateur de souhaiter voir l'image décrite à la question précédente. Expliquez-en le sens.

Vers l'analyse littéraire

7. Analysez les étapes du désir qu'éprouve le narrateur de se soustraire à son état dépressif.

EXTASE (*Les Orientales*, 37) (P. 52)

1. Dans ce poème, quels mots désignent les étoiles? Quel élément naturel leur est associé?
2. Quel vers permet le passage de la réalité à l'imaginaire?
3. Donnez le vers qui désigne ce qui partage l'attitude interrogative du narrateur.
4. Le narrateur atteint-il l'extase suggérée par le titre? Si oui, expliquez le sens de cette extase et comment elle est atteinte.

Vers l'analyse littéraire

5. Montrez comment le cadre et l'imagination se relaient pour susciter l'extase.

À UNE FEMME (*Les Feuilles d'automne*, 22) (P. 53)

1. Pour chaque strophe, relevez ce que le narrateur désire être et ce qu'il désire obtenir.
2. Quel verbe est en ellipse dans le 1er vers de la seconde strophe?
3. Commentez la substitution du dernier mot de la 1re à la 2e strophe.
4. Quelle est la tonalité de ce poème?

Vers l'analyse littéraire

5. Montrez la disproportion des arguments du narrateur par rapport aux faveurs demandées.

Sur le bal de l'hôtel de ville (*Les Chants du crépuscule*, 6) (p. 54)

1. À qui le narrateur s'adresse-t-il dans les deux premières strophes? et dans les deux dernières? Chaque fois, sur quel ton cette adresse se fait-elle? Le ton se modifie-t-il? Justifiez votre réponse à l'aide de mots tirés du poème.
2. Dans la 2ᵉ strophe, relevez ce qui doit être fait par les riches dirigeants du pays. Précisez si l'action est donnée au sens propre ou au sens figuré.
3. Expliquez la rime «infâme/âme» (v. 21-22).
4. Expliquez la comparaison des vers 37 et 38.
5. Précisez de quelles «autres femmes» il est question dans la dernière strophe. Justifiez votre réponse par un vers.
6. Expliquez la métaphore du vers 44.

Vers l'analyse littéraire

7. Analysez la dénonciation, par le narrateur, de l'insouciance des riches.

Tristesse d'Olympio (*Les Rayons et les Ombres*, 34) (p. 56)

1. En quelle saison se déroule le poème? Cette saison a-t-elle une mauvaise influence sur le narrateur? Justifiez votre réponse à l'aide d'un vers du poème.
2. Pour le narrateur, quels souvenirs évoquent les lieux de la 3ᵉ strophe? Dans la strophe suivante, quelle rime est particulièrement évocatrice du sentiment du narrateur envers ses propres souvenirs?
3. Expliquez le sens de la 8ᵉ strophe.
4. De la 9ᵉ à la 15ᵉ strophe, relevez les allusions à la relation amoureuse qu'a jadis vécue le narrateur. Précisez si ces allusions sont des connotations ou des dénotations. Expliquez votre réponse.
5. Pour chaque strophe, de la 9ᵉ à la 31ᵉ, résumez, lorsqu'il y a lieu, les idées et les griefs exprimés par le narrateur à l'endroit de la nature.

Vers l'analyse littéraire

6. Analysez ce qui provoque la tristesse d'Olympio et comment elle se développe.

OCEANO NOX (*Les Rayons et les Ombres*, 42) (p. 62)

1. Relevez les mentions propres ou figurées de l'océan (ou de la mer) et de ses attributs. Que se dégage-t-il de la liste ainsi dressée?
2. Expliquez la métaphore des vers 8 et 9.
3. Pour chacune des strophes 3 à 8, donnez le sentiment exprimé ou la valeur accordée par les vivants au souvenir qu'ils conservent des marins perdus.
4. Expliquez le vers 45.

Vers l'analyse littéraire

5. Analysez comment se transforme le souvenir dans le poème.

LE MANTEAU IMPÉRIAL (*Les Châtiments*, 5, III) (p. 64)

1. Quel vers permet de comprendre qui est le « vous » du 1er vers?
2. Qui est « l'homme » du vers 13? Comment peut-on le savoir?
3. Relevez les vers dans lesquels « l'homme » est directement insulté.
4. Donnez le vers qui mentionne les deux qualités symboliques des héroïnes de ce poème.
5. Relevez les verbes d'agression, de violence et leur(s) sujet(s).

Vers l'analyse littéraire

6. Montrez l'ampleur et la force de la charge satirique du poème.

STELLA (*Les Châtiments*, 6, XV) (P. 66)

1. Quel vers commence discrètement la personnification de l'étoile du matin ? Quel vers l'assure ?
2. Précisez ce que la situation du narrateur a d'inusité.
3. Expliquez le symbole du vers 6.
4. Expliquez le symbole du vers 14.
5. Expliquez la comparaison des vers 15 à 17. Mettez-la en rapport avec le poème entier.
6. Expliquez la comparaison des vers 18 à 20.
7. Parmi les éléments de la nature (faune, flore, feu, eau, air et terre), lesquels sont liés à l'« ineffable amour » exprimé au vers 21 ?
8. Expliquez l'affirmation de l'étoile aux vers 27 et 28.
9. Expliquez la signification de la fronde au vers 31. Quelle connotation ce mot ajoute-t-il à Dieu ?
10. De quelles nations est-il question au vers 33 ?
11. Pourquoi Hugo écrit-il « lion océan » au vers 35 ? Pourquoi ce « lion océan » est-il amoureux de l'étoile ?
12. Relevez l'expression qui précise la nature de l'étoile. Expliquez-la.
13. Qui suit l'étoile envoyée en avant la première ? Expliquez.
14. Le rythme se modifie-t-il dans la dernière partie du poème ? Si oui, pourquoi ?

Vers l'analyse littéraire

15. En tenant compte de la situation initiale du narrateur, quel message lui est livré par la personnification de l'étoile du matin ?

LE FIRMAMENT EST PLEIN DE LA VASTE CLARTÉ...
(*Les Contemplations*, 1, IV) (P. 68)

1. Quel est le premier vers à posséder une connotation religieuse ? Expliquez.
2. Quels autres vers possèdent une connotation ou une référence religieuse ?

3. Justifiez l'enjambement entre les vers 13 et 14.
4. Relevez les mots qui «illuminent» ce poème et ceux qui soulignent le sens de la vue.
5. Relevez les mots qui font «résonner» ce poème et ceux qui soulignent le sens de l'ouïe.
6. Relevez les mots qui, aux sens propre ou figuré, évoquent le «goût».
7. Relevez les mots qui, aux sens propre ou figuré, évoquent le «toucher».
8. Relevez les mots qui, aux sens propre ou figuré, évoquent l'«odorat».
9. Quel vers évoque un état qui englobe toutes les sensations ressenties pendant le poème?

Vers l'analyse littéraire
10. Montrez combien cet hymne à la nature est à la fois sensuel et religieux.

VERE NOVO (*Les Contemplations*, 1, **XII**) (P. 70)

1. Relevez les noms communs qui désignent ou qui connotent les papillons.
2. Relevez les noms communs qui désignent ou qui connotent les lettres des amants.
3. Quel nom commun se retrouve dans les deux listes? Expliquez.
4. Quels sont les deux vers consécutifs sur les papillons qui annoncent la frivolité des billets doux et l'image finale du tourbillon de morceaux blancs?
5. Quel vers souligne le côté frivole et passager des amours printanières?
6. Quels mouvements exécutent les «petits morceaux blancs» du vers 17?

Vers l'analyse littéraire
7. Montrez comment le poème associe papillons et billets doux.

À QUOI SONGEAIENT LES DEUX CAVALIERS DANS LA FORÊT
(*Les Contemplations*, 4, XII) (P. 71)

1. Quel vers laisse supposer qu'Hermann est un double du narrateur?
2. Expliquez la comparaison des vers 5 et 6.
3. Quelle force a la répétition aux vers 7 et 9?
4. Quel est le sens de «solitudes vertes» du vers 10?
5. En tenant compte des deux derniers vers de la 2e strophe, comment doit-on comprendre le 1er de la 3e strophe?
6. Expliquez le sens du vers 22. Mettez-le en relation avec le vers 24.
7. Quelle opposition retrouve-t-on dans les deux dernières strophes quant à la conception de la mort?

Vers l'analyse littéraire

8. Montrez comment sont présentées les deux visions de la mort dans ce poème.

VENI, VIDI, VIXI (*Les Contemplations*, 4, XIII) (P. 73)

1. Expliquez la métaphore du vers 2.
2. Expliquez la métaphore du vers 7.
3. Expliquez les vers 10 et 11.
4. Expliquez la métaphore du vers 14.
5. Expliquez la métaphore de la 6e strophe.
6. Expliquez le vers 26.
7. Qu'est-ce que la «sombre paresse» du vers 29?
8. Expliquez la métonymie du vers 30.
9. Quel est le sens des «portes de la nuit» de l'avant-dernier vers?

Vers l'analyse littéraire

10. Analysez les diverses causes du désespoir du narrateur dans ce poème et comment s'y imbrique le désir de mourir.

Demain, dès l'aube, à l'heure où blanchit la campagne...
(*Les Contemplations*, 4, **XIV**) (p. 75)

1. Qui est tutoyé par le narrateur du poème?

À Villequier (*Les Contemplations*, 4, **XV**) (p. 76)

1. Par les deux premières strophes, quelles associations s'établissent entre les lieux et les sentiments?
2. Cherchez dans la 4e strophe:
   a) où se trouve le narrateur?
   b) quel sentiment est le sien?
   c) à qui s'adresse-t-il?
   d) comment le narrateur s'adresse-t-il à son interlocuteur? quel ton emploie-t-il? Comparez ce ton à celui en vigueur dans le poème précédent, *Demain, dès l'aube, à l'heure où blanchit la campagne...*
3. À qui appartient le « bras triomphant » du vers 98?
4. Relevez les actions du narrateur (ou de son âme) à partir de la 12e strophe.

Vers l'analyse littéraire
5. Analysez les rapports qui existent entre l'homme, la nature et Dieu.

Mors (*Les Contemplations*, 4, **XVI**) (p. 82)

1. Sur quel ton commence le poème? Justifiez votre réponse.
2. Si la Mort est la « faucheuse » du premier vers, quel est « son champ »?
3. Expliquez l'effet que produit l'enjambement des vers 6 et 7.
4. Quelle alliance de mots (ou oxymore) retrouve-t-on dans le vers 7? Expliquez la force de cette image.

5. Que fait perdre la Mort dans les vers 8, 9 et 10 ? Trouvez à quoi est lié le phénomène de la mort au sens premier, puis prenez en considération les connotations possibles.
6. Quels malheurs évoque chaque vers (du 13ᵉ au 17ᵉ) ?
7. Outre le mot « ange », quels mots s'opposent à la Mort dans les deux derniers vers ?

Vers l'analyse littéraire
8. Analysez la signification de l'allégorie dans *Mors*.

LE MENDIANT (*Les Contemplations*, 5, IX) (P. 83)

1. Quels renseignements le vers 6 donne-t-il sur le mendiant ?
2. Expliquez ce qu'espère (« rêve ») et fait le mendiant aux vers 8 et 9.
3. Expliquez le nom dont le mendiant s'affuble. Pourquoi y a-t-il ici enjambement ?
4. Pourquoi le narrateur est-il si « pensif » (v. 15) ? Pourquoi est-il « sourd à ce » qu'ils se disent (v. 25) ?
5. Expliquez l'antithèse du dernier vers.

Vers l'analyse littéraire
6. Montrez l'idéalisation, par le narrateur, du mendiant.

PAROLES SUR LA DUNE (*Les Contemplations*, 5, XIII) (P. 84)

1. Expliquez la comparaison du 1ᵉʳ vers.
2. Expliquez le vers 8.
3. Expliquez les vers 9 et 10.
4. Expliquez le vers 11.
5. Expliquez l'antithèse du vers 28.
6. Expliquez la métaphore du vers 38.
7. Expliquez l'apposition que constitue le vers 48.

MUGITUSQUE BOUM (*Les Contemplations*, 5, **XVII**) (**P. 86**)

1. Qu'exprime le récit en style direct donné à partir du vers 5?
2. Expliquez l'image des vers 9 et 10.
3. Pourquoi le laboureur est-il «brun» au vers 12?
4. Quels sentiments le laboureur ressent-il envers les membres de sa famille? Justifiez votre réponse par deux citations.
5. Jusqu'où le bonheur familial s'étend-il? À partir de quel vers cet élargissement s'amorce-t-il?
6. Qui est «l'être illimité» du vers 31?
7. Expliquez la métaphore du vers 33.
8. Expliquez le vers 35. Ce vers s'accorde-t-il à la signification des vers suivants? Expliquez.

Vers l'analyse littéraire

9. Montrez que le poème conjugue paradoxalement l'éternité de la création divine au passage fugace de toutes choses.

J'AI CUEILLI CETTE FLEUR POUR TOI SUR LA COLLINE...
(*Les Contemplations*, 5, **XXIV**) (**P. 88**)

1. Où se trouve le narrateur de ce poème et que fait-il?
2. Relevez les vers qui décrivent la colline, le promontoire. Pour chaque vers, synthétisez en un ou deux adjectifs, au plus, l'impression ou l'information qui est livrée.
3. Relevez les mots qui décrivent ou qui qualifient la fleur.
4. Décrivez comment l'éclat du ciel se modifie au cours du poème. Quelle connotation possède le mot «ciel» au vers 22?
5. Relevez les mots qui évoquent la mer de diverses façons (désignation, connotation, paraphrase).
6. Relevez les noms ou pronoms qui indiquent la présence, l'existence d'un être humain.
7. À partir du vers 17, le narrateur personnifie la fleur. Résumez les propos qu'il lui tient.
8. Quel vers associe, de façon métaphorique, la mer, le ciel et l'être humain dans une même destinée?

Vers l'analyse littéraire

9. Montrez que les pensées du narrateur sont illustrées par la nature qui l'environne.

ÉCLAIRCIE (*Les Contemplations*, 6, **X**) (p. 90)

1. Quel 1er vers d'un poème de Victor Hugo rappelle celui d'*Éclaircie*?
2. Quelle tonalité le poème prend-il dès les premiers vers?
3. Quel rapprochement peut-on établir entre les vers 4 et 9?
4. Expliquez le choix du verbe « éteindre » (« éteignant ») au vers 10. Qu'est-ce qui est éteint? Comment?
5. Quel rapprochement peut-on établir entre les vers 4 et 14?
6. Les vers 10 et 16 se contredisent-ils? Justifiez votre réponse.
7. Expliquez la métaphore du vers 22.
8. Quels mots ajoutent un ton léger à l'opposition des vers 23 et 24?
9. Expliquez la métaphore des vers 26 et 27.
10. Donnez une signification à la trajectoire de la lueur du vers 32.

Vers l'analyse littéraire

11. Montrez que ce poème écarte maintes fois le malheur pour faire triompher la joie. Analysez les causes du bonheur.

BOOZ ENDORMI (*La Légende des siècles*, 2, **VI**) (p. 92)

1. Les six premières strophes sont une introduction. Quelles impressions morales et physiques donnent-elles du personnage de Booz?
2. Expliquez le vers 48.
3. Quels arguments Booz utilise-t-il, dans les vers 42 à 56, pour prouver qu'il ne peut être le géniteur d'une longue génération?
4. Le vers 52 contient une métaphore jointe à une comparaison. Expliquez-les.

5. Des vers 61 à 72, relevez **les vers** qui confèrent au poème une atmosphère de mystère. Dans chaque vers relevé, soulignez les mots les plus évocateurs.

6. À partir du vers 73, relevez **les mots** qui confèrent au poème une atmosphère de calme, de repos et de sérénité.

7. Qu'est-ce que les « fleurs de l'ombre » du vers 83 ? Relevez les mots ou expressions qui, présents dans les vers suivants, appartiennent au même champ lexical que « fleurs ».

Vers l'analyse littéraire

8. Montrez comment ce poème anoblit la vieillesse.

JEANNE ÉTAIT AU PAIN SEC DANS LE CABINET NOIR…
(*L'Art d'être grand-père*, 6, **VI**) (P. **96**)

1. Qui est Jeanne ? Quel vers justifie votre réponse ?

2. Donnez le contexte de départ du poème.

3. Quel est l'effet de l'enjambement des vers 4 et 5 ? Quel thème introduit-il ?

4. Résumez, en une seule phrase, le discours sur l'éducation des enfants que tiennent « ceux sur qui, dans ma cité, Repose le salut de la société » (v. 5-6). Quel autre discours est implicitement tenu par ces mêmes opposants ?

5. Relevez le champ lexical lié à la société.

6. Relevez le vers qui marque l'opinion du narrateur à propos d'un gouvernement dur et autoritaire.

7. Le narrateur est-il récompensé de sa clémence :
   a) par ceux sur qui repose le salut de la société ?
   b) par Jeanne ?

Vers l'analyse littéraire

8. Montrez que le narrateur favorise un gouvernement tolérant et qu'il croit qu'un dirigeant clément reçoit l'assentiment et l'amour du peuple.

QUESTIONS SUR LES POÈMES
DE NERVAL

AVRIL (*Petits Châteaux de Bohême*) (P. **98**)

1. Relevez et expliquez la rime des vers 1 et 2.
2. Expliquez le vers 3.
3. Quel sentiment apparaît à la 2ᵉ strophe? Quand disparaîtra-t-il?
4. Quel thème la présence de la nymphe fait-elle surgir dans le poème? Ce thème est-il lié au sentiment identifié à la précédente question? Expliquez.

Vers l'analyse littéraire

5. Montrez ce qu'espère le narrateur dans ce poème.

FANTAISIE (*Petits Châteaux de Bohême*) (P. **99**)

1. Donnez un qualificatif qui exprime implicitement l'importance accordée à l'air ancien dans les deux premiers vers.
2. Expliquez le vers 4.
3. À partir de quel vers le narrateur est-il transporté, par l'imagination, semble-t-il, dans le temps? Quel signe de ponctuation indique ce passage?
4. Le signe de ponctuation trouvé à la question précédente permet-il un nouveau passage? Si oui, lequel?

Vers l'analyse littéraire

5. Analysez le glissement de sens qui s'opère au fil de ce poème.

LA GRAND'MÈRE (*Petits Châteaux de Bohême*) (P. **100**)

1. Comment la grand'mère est-elle qualifiée?
2. Expliquez la surprise du narrateur au vers 5.

3. Quel vers résume la réponse du narrateur aux reproches qui lui sont adressés aux vers 7 et 8?
4. Commentez la comparaison du vers 15.

Vers l'analyse littéraire

5. Montrez la sincérité du chagrin éprouvé par le narrateur.

LE POINT NOIR (*Petits Châteaux de Bohême*) (P. 101)

1. Expliquez la métaphore du vers 6.
2. Qu'est-ce qui est comparé au vers 7? Expliquez.
3. Quel symbole représente l'aigle?

Vers l'analyse littéraire

4. Analysez la sensibilité du narrateur dans ce poème.

LES CYDALISES (*Petits Châteaux de Bohême*) (P. 102)

1. Expliquez le caractère étrange de la réponse à la 1re strophe.
2. Quel vers indique que les amoureuses n'étaient pas heureuses avant leur mort?
3. Quels mots évoquent la pureté dans le poème?
4. Expliquez comment la vie et l'amour sont connotés dans la dernière strophe. Établissez un lien avec la 1re strophe.

Vers l'analyse littéraire

5. Analysez le sentiment amoureux dans ce poème par rapport aux cydalises et à leurs amants.

EL DESDICHADO (*Les Chimères*) (P. 103)

1. Quels renseignements livre le 1er vers sur le «prince d'Aquitaine», narrateur du poème?

2. Tentez une explication de l'antithèse du vers 4.
3. Tentez une explication du vers 8.

MYRTHO (*Les Chimères*) (p. 105)

1. Dans la 1re strophe, relevez les mots évocateurs de lumière.
2. Dans la 2e strophe, résumez en un mot, pour chaque vers, l'action accomplie.

VERS DORÉS (*Les Chimères*) (p. 106)

1. À qui s'adresse-t-on dès le 1er vers?
2. De quelle prétention l'accuse-t-on?
3. Quels règnes sont évoqués dans la 2e strophe? Justifiez votre réponse par une citation.

QUESTIONS SUR LES POÈMES
DE MUSSET

VENISE (*Contes d'Espagne et d'Italie*) (p. 108)

1. Expliquez le 1er vers.
2. Comment peut-on qualifier la comparaison de la 3e strophe?
3. Quelle surenchère est perceptible dans la 5e strophe? Que dire de la strophe suivante?
4. Qualifiez, en trois adjectifs, le sentiment amoureux décrit dans les strophes suivantes.
5. Dans les vers 47 à 58, relevez les marques temporelles ou les objets liés au temps.
6. Quels sont les trois éléments que le narrateur invite à compter dans les deux dernières strophes?

Vers l'analyse littéraire

7. Montrez la succession des diverses formes de légèreté présentées dans le poème.

BALLADE À LA LUNE (*Contes d'Espagne et d'Italie*) (P. 111)

1. De la 1re strophe, commentez l'effet comique produit par les couleurs et l'irrévérence de la comparaison.
2. Combien de fois la 1re strophe est-elle répétée avec variation ?
3. Dans la 2e strophe, quel vers rend ridicule l'« esprit sombre » que les romantiques ont toujours associé à la lune ? Expliquez.
4. Quel vers offre une antithèse comique ? Expliquez.
5. À la 5e strophe, comment la référence à l'enfer perd-elle de sa gravité ?
6. Aux 7e et 8e strophes, le narrateur émet des hypothèses sur divers aspects de la lune. Résumez ces hypothèses.
7. De la 9e à la 11e strophe, relevez les adjectifs accolés à la lune.
8. De la 10e à la 17e strophe, relevez le nom des personnages mythologiques.

Vers l'analyse littéraire

9. Montrez comment, dans ce poème, la lune acquiert des connotations qui lui enlèvent son aura de mystère, d'amour romantique et d'angoisse.

CHANSON DE FORTUNIO (*Le Chandelier*) (P. 116)

1. Au vers 3, quel poème de Victor Hugo rappelle le refus exprimé ?
2. Relevez dans chaque strophe les exagérations du discours du narrateur.
3. Quelle information supplémentaire, livrée dans les deux dernières strophes, fait apparaître le drame du narrateur ?

Vers l'analyse littéraire

4. Analysez la naïveté du narrateur.

LA NUIT DE DÉCEMBRE (*Poésies nouvelles, Les Nuits*) (P. 117)

1. Citez les moments de la vie du poète où apparaît un « double » et trouvez pour ce dernier un ou deux mots qui résument son attitude lors de ses manifestations. Expliquez si, chaque fois, ces mots sont en accord avec ce que vit intérieurement le narrateur.

2. Du vers 109 au vers 199, quelles suppositions le poète fait-il sur l'identité du « double » ? (Ne confondez pas avec les descriptions du double.)

3. Du vers 199 au vers 210, énumérez les dénégations, puis les révélations du « double » sur son identité.

4. Que signifie le « peu de fange où nous sommes » du vers 204 ?

5. Expliquez l'avant-dernier vers. À la lumière de votre explication, tentez celle du vers 10.

6. Relevez et expliquez les métaphores qui font comprendre que le désarroi que vit le poète « par une triste nuit » (v. 128) est le plus intense de sa vie.

Vers l'analyse littéraire

7. Montrez que l'existence du « double » est en accord avec celle du poète.

ADIEU (*Poésies nouvelles*) (P. 125)

1. Quel événement est évoqué dans la 1re strophe ? Quelle prise de conscience suscite cet événement chez le narrateur ?

2. Quelle est l'attitude particulière du narrateur dans la 2e strophe ? Citez un vers de la 2e strophe qui résume bien cette attitude.

3. Tentez une explication des vers 11 et 12.

4. Citez l'euphémisme de la mort de la 4e strophe.

5. La dernière strophe peut-elle faire glisser le sens du poème de la mort physique à la rupture amoureuse ? Expliquez.

Vers l'analyse littéraire

6. Analysez la signification de la mort dans le poème.

JAMAIS (*Poésies nouvelles*) (p. 126)

1. Justifiez la répétition du mot « jamais ».
2. Quand et où le narrateur est-il refusé ?
3. Dressez le portrait physique de la femme à l'instant où elle refuse le narrateur.
4. Dressez le portrait psychologique de la femme désirée.
5. À quelle classe sociale appartient la femme désirée ? Justifiez votre réponse.

Vers la dissertation littéraire

6. Analysez la justification du narrateur dans ce poème.

TRISTESSE (*Poésies nouvelles*) (p. 127)

1. De quelle « fierté » est-il question dans le vers 3 ?
2. Pourquoi la Vérité dégoûte-t-elle le narrateur bien qu'il la juge éternelle ? Quels vers permettent de justifier votre réponse ?
3. Tentez une explication du vers 12.

Vers l'analyse littéraire

4. Analysez le sentiment du narrateur.

ANNEXES

La Durande après le naufrage.

Dessin de Victor Hugo.

TABLEAU CHRONOLOGIQUE

	Événements sociopolitiques en France	Les grands poètes romantiques français	Les arts et la littérature en France	Arts, littérature et idées à l'étranger	
1690				John Locke, *Essai philosophique sur l'entendement humain.*	1690
1719				Defoe, *Robinson Crusoë.*	1719
1730				James Thomson, *Les Saisons.*	1730
1731			Abbé Prévost, *Manon Lescaut.*		1731
1740				Samuel Richardson, *Paméla ou la vertu récompensée.*	1740
1742-1745				Edward Young, *Les Nuits.*	1742-1745
1751				Thomas Gray, *Élégie écrite dans un cimetière campagnard.*	1751
1756	Début de la guerre de Sept Ans.				1756
1760				Ossian (barde du IIIᵉ siècle), *Poèmes d'Ossian,* publiés (et trafiqués) par James Macpherson. Sterne, *Vie et opinions de Tristram Shandy.*	1760

TABLEAU CHRONOLOGIQUE

	ÉVÉNEMENTS SOCIOPOLITIQUES EN FRANCE	LES GRANDS POÈTES ROMANTIQUES FRANÇAIS	LES ARTS ET LA LITTÉRATURE EN FRANCE	ARTS, LITTÉRATURE ET IDÉES À L'ÉTRANGER	
1761			Rousseau, *Julie ou la Nouvelle Héloïse*.		1761
1764	Dissolution de l'ordre des Jésuites en France.		Mort de Rameau.	Horace Walpole, *Le Château d'Otrante* (début du roman gothique, ancêtre du fantastique).	1764
1770				G. A. Bürger, *Lénore*.	1770
1774	Mort de Louis XV. Louis XVI, roi de France.		Diderot, *Le Neveu de Rameau*.	Goethe, *Les Souffrances du jeune Werther*.	1774
1775				Goethe, *Faust* (Première partie ou *Urfaust*).	1775
1789	Révolution française.				1789
1790		Naissance d'Alphonse de Lamartine.		Mort de Mozart.	1790
1793	Louis XVI est guillotiné.			Mort de Goldoni.	1793
1797		Naissance d'Alfred de Vigny.			1797
1798				Samuel Coleridge, *Ballade du vieux marin*. William Wordsworth, *Ballades lyriques*.	1798

Année				
1801	Haydn met en musique sous forme d'oratorio profane, *Les Saisons* de Thomson.			
1802		Chateaubriand, *René.*	Naissance de Victor Hugo.	
1803	Beethoven, *Symphonie n° 3*, composée en l'honneur de Napoléon Bonaparte.			
1804				Premier Empire : Napoléon Ier, empereur.
1808			Naissance de Gérard de Nerval.	
1810	Walter Scott, *La Dame du lac.*	Mme de Staël, *De l'Allemagne.*	Naissance d'Alfred de Musset.	
1812	Byron, *Childe Harold.*			Campagne de Russie : lourdes pertes dans l'armée napoléonienne.
1814	Hoffmann, *Kreisleriana.* Schubert, *Marguerite au rouet.*			Restauration : la monarchie reprend le pouvoir en France. Louis XVIII, roi.
1816	Jane Austen, *Emma.*		Vigny, officier dans l'armée.	
1819	Schopenhauer, *Le Monde comme volonté et comme représentation.*		*Bug-Jargal*, premier roman de Victor Hugo.	
1820	Shelley, *Prométhée délivré.*		Lamartine, *Méditations poétiques.* Début du romantisme en France. Hugo fonde *Le Conservateur littéraire.*	

TABLEAU CHRONOLOGIQUE

	Événements sociopolitiques en France	Les grands poètes romantiques français	Les arts et la littérature en France	Arts, littérature et idées à l'étranger	
1821			Nodier, *Smarra ou les Démons de la nuit.*	Thomas de Quincey, *Confessions d'un mangeur d'opium anglais.*	1821
1823		Lamartine, *Nouvelles Méditations poétiques.*			1823
1824	Charles X, roi.		Le Cénacle romantique chez Nodier.	Beethoven, *Symphonie nº 9.*	1824
1825		Vigny quitte l'armée.			1825
1826		Vigny, *Poèmes antiques et modernes* (première version); *Cinq-Mars.*		Mendelssohn, *Songe d'une nuit d'été.*	1826
1827		Début d'une amitié entre Hugo et le critique et poète Sainte-Beuve. Nerval traduit *Faust* de Goethe et publie quelques poèmes dans la presse.	Ingres, *Apothéose d'Homère.*	Mort de Beethoven. Manzoni, *Les Fiancés.*	1827
1828		Hugo, *Odes et Ballades.* Musset commence la publication de ses poèmes. Il est introduit au Cénacle et rencontre Hugo.			1828
1829		Hugo, *Les Orientales*; *Le Dernier Jour d'un condamné*, roman contre la peine de mort. Nerval, introduit par Gautier au Cénacle, rencontre Hugo.			1829

Année	Littérature étrangère	Arts	Littérature française	Histoire
1830		La bataille d'Hernani, conduite par Théophile Gautier, accompagné de Gérard de Nerval. Stendhal, *Le Rouge et le Noir.* Berlioz, *La Symphonie fantastique.*	Lamartine, *Harmonies poétiques et religieuses.* Hugo, *Hernani.* Augmentation des publications de poèmes de Nerval dans la presse. Musset, *Contes d'Espagne et d'Italie.*	Révolution de juillet : Louis-Philippe, roi. Gouvernement fondé sur une démocratie parlementaire.
1831	Edgar Poe, *Poèmes.*	Balzac, *La Peau de chagrin.* Delacroix, *La Liberté guidant le peuple.*	Hugo, *Les Feuilles d'automne* ; *Notre-Dame de Paris.* Musset, *La Coupe et les Lèvres.*	
1832	Mort de Goethe.		Hugo rencontre Juliette Drouet : leur liaison durera 50 ans. Hugo, *Le roi s'amuse.*	
1833	Pouchkine, *La Dame de Pique.*	Chopin, *Études, op. 10.*	Lamartine est député. Début de la passion entre Musset et George Sand.	
1834		Berlioz, *Harold en Italie.*	Musset, *Lorenzaccio* ; *On ne badine pas avec l'amour.*	
1835		Balzac, *Le Père Goriot.*	Hugo, *Les Chants du crépuscule.* Vigny, *Chatterton.* Nerval, *Odelettes rythmiques et lyriques.* Musset, *Le Chandelier* ; *Les Nuits,* recueil complété en 1837.	
1836			Lamartine, *Jocelyn.* Début de la passion de Nerval pour l'actrice Jenny Colon. Musset, *Il ne faut jurer de rien.*	
1837	Dickens, *Oliver Twist.* De Gaspé fils, *L'influence d'un livre.*	Mérimée, *La Vénus d'Ille.*	Hugo, *Les Voix intérieures.* Vigny, *Poèmes antiques et modernes* (version définitive).	

TABLEAU CHRONOLOGIQUE

	ÉVÉNEMENTS SOCIOPOLITIQUES EN FRANCE	LES GRANDS POÈTES ROMANTIQUES FRANÇAIS	LES ARTS ET LA LITTÉRATURE EN FRANCE	ARTS, LITTÉRATURE ET IDÉES À L'ÉTRANGER	
1838		Hugo, *Ruy Blas*.		Chevalier De Lorimier, *Lettres d'un patriote condamné à mort*.	1838
1839		Lamartine, *Recueillements poétiques*.	Stendhal, *La Chartreuse de Parme*.		1839
1840		Hugo, *Les Rayons et les Ombres*.		Schumann, *Les Amours d'un poète*.	1840
1841		Élection de Victor Hugo à l'Académie française. Premier internement de Nerval.			1841
1842		Mort de Jenny Colon.	Bertrand, *Gaspard de la nuit*. Sue, *Les Mystères de Paris*.		1842
1843	Ouverture de la ligne ferroviaire Paris-Rouen.	Noyade de Léopoldine Hugo et de son mari dans la Seine, à la hauteur de Villequier. Voyage de Nerval en Orient.			1843
1844			Dumas, *Les Trois Mousquetaires*.		1844
1847			Balzac, *Le Cousin Pons*.	Charlotte Brontë, *Jane Eyre*. Emily Brontë, *Les Hauts de Hurlevent*. Verdi, *Macbeth*.	1847
1848	Révolution en février: fondation de la Deuxième République.	Hugo est député.	Mort de Chateaubriand; *Mémoires d'outre-tombe* (posthume).		1848

Année				
1849		Lamartine, *Graziella*.		
1851	Verdi, *Rigoletto*, livret adapté du *Roi s'amuse* de Victor Hugo. Melville, *Moby Dick*. Hawthorne, *Contes*.	Labiche, *Un chapeau de paille d'Italie*.	Hugo s'exile à Bruxelles. Lamartine quitte la politique. Lamartine, *Le Tailleur de pierres de Saint-Point*. Nouvel internement de Nerval.	Coup d'État de Napoléon-le-Petit.
1852	Tourgueniev, *Mémoires d'un chasseur*.	Gautier, *Émaux et camées*. Leconte de Lisle, *Poèmes antiques*. Dumas fils, *La Dame aux camélias*.	Hugo en exil, sur l'île de Jersey. Nerval, *Le Voyage en Orient*; *La Main enchantée*. Musset, *Poésies nouvelles*. Élection de Musset à l'Académie française.	Début du Second Empire: Napoléon III, empereur.
1853	Liszt, *Sonate pour piano en si mineur*.		Hugo, *Les Châtiments*. Nerval, *Petits Châteaux de Bohème*.	
1854			Musset, *La Confession d'un enfant du siècle*. Nerval, *Les Filles du feu*, suivies de *Les Chimères*.	
1855		Baudelaire publie sa traduction des *Histoires extraordinaires* de Poe.	Expulsé de Jersey, Hugo s'installe à Guernesey. Suicide de Gérard de Nerval. Hugo, *La Fin de Satan*.	
1856		Flaubert, *Madame Bovary*.	Hugo, *Les Contemplations*.	
1857	Liszt, *Mephisto-Valse*.	Baudelaire, *Les Fleurs du mal* (édition définitive).	Mort de Musset.	Procès pour immoralité de *Madame Bovary* et condamnation pour outrage aux mœurs des *Fleurs du mal*.

TABLEAU CHRONOLOGIQUE

	ÉVÉNEMENTS SOCIOPOLITIQUES EN FRANCE	LES GRANDS POÈTES ROMANTIQUES FRANÇAIS	LES ARTS ET LA LITTÉRATURE EN FRANCE	ARTS, LITTÉRATURE ET IDÉES À L'ÉTRANGER
1859		Hugo, *La Légende des siècles*.	Millet, *L'Angélus*. Gounod, *Faust*.	Wagner, *Tristan und Isolde*. Darwin, *De l'origine des espèces*.
1862		Hugo, *Les Misérables*.		
1863		Mort de Vigny.	Manet, *Le Déjeuner sur l'herbe*.	De Gaspé père, *Les Anciens Canadiens*.
1864		Vigny, *Les Destinées* (posthume).	Offenbach, *La Belle Hélène*.	
1865		Hugo, *Chansons des rues et des bois*.	Nerval, *Aurélia* (posthume).	
1866			Offenbach, *La Vie parisienne*.	Dostoïevski, *Crime et Châtiment*.
1867		Lamartine est terrassé par une attaque. Il ne reprendra plus conscience jusqu'à sa mort.	Zola, *Thérèse Raquin*.	Marx, *Le Capital*.
1869		Mort de Lamartine.	Flaubert, *L'Éducation sentimentale*. Franck, *Les Béatitudes*.	
1870	Guerre franco-prussienne : défaite humiliante pour la France. Fondation de la Troisième République.	Paris accueille Victor Hugo, de retour d'exil.		

Année				
1871				La Commune.
1872			Hugo, *L'Année terrible.*	
1873		Rimbaud, *Une saison en enfer.*		
1876			Hugo est sénateur.	
1877	Tolstoï, *Anna Karénine.*	Zola, *L'Assommoir.*	Hugo, *L'Art d'être grand-père.*	
1879	Tchaïkovsky, *Eugène Onéguine.*			Début des guerres coloniales françaises.
1881			Hugo, *Les Quatre Vents de l'esprit.*	
1883			Mort de Juliette Drouet.	
1885	Brahms, *Symphonie n° 4.*	Zola, *Germinal.*	Mort de Victor Hugo.	
1887	Fréchette, *La Légende d'un peuple*, poème épique retraçant les hauts faits de l'histoire du peuple français d'Amérique à la manière de *La Légende des siècles.*			
1891			Hugo, *Dieu* (posthume).	

TABLE ALPHABÉTIQUE DES POÈMES

BIBLIOGRAPHIE

Toute la poésie des cinq grands poètes romantiques
peut se lire dans :

Hugo, Victor. *Œuvres poétiques complètes*, édition de Jacques Seebacher et Guy Rosa, Paris, Robert Laffont, coll. « Bouquins » (4 tomes), 1985.

Lamartine, Alphonse de. *Œuvres poétiques complètes*, édition de Marius-François Guyard, Paris, Gallimard, coll. « Bibliothèque de la Pléiade », n° 165, 1963.

Musset, Alfred de. *Œuvres poétiques complètes*, édition de Maurice Allem, Paris, Gallimard, coll. « Bibliothèque de la Pléiade », n° 12, 1933.

Nerval, Gérard de. *Œuvres*, édition de Henri Lemaitre, Paris, Classiques Garnier, 1986.

Vigny, Alfred de. *Œuvres poétiques complètes*, édition de François Germain et André Jarry, Paris, Gallimard, coll. « Bibliothèque de la Pléiade », n° 74, 1986.

Sur la poésie romantique et le romantisme

Antoine, P. *Quand le voyage devient promenade : Écritures du voyage au temps du romantisme*, Paris, PUPS, 2011.

Baudelaire, C. *L'Art romantique*, Paris, Garnier-Flammarion, 1968.

Béguin, A. *L'Âme romantique et le rêve*, Corti, 1946.

Bénichou, P. *Les Mages romantiques*, Paris, Gallimard, coll. « Bibliothèque des idées », 1988.

Bertrand, J.-P., Durand, P. *La Modernité romantique : de Lamartine à Nerval*, Paris, Les Impressions nouvelles, 2006.

Fournier, M. *Les Romantiques*, Toulouse, Éd. Milan, coll. « Les Essentiels », 1996.

Guerne, A. *L'Âme insurgée. Écrits sur le romantisme*. Paris, Seuil, coll. « Points/Essais », 2011.

Saulnier, V.-L. *La Littérature française du siècle romantique*, Paris, Presses universitaires de France, coll. « Que sais-je ? », n° 156, 1990.

Van Tieghem, P. *Le Romantisme français*, Paris, Presses universitaires de France, coll. « Que sais-je ? », n° 123, 1992 (1944).

Van Tieghem, P. *Le Romantisme dans la littérature européenne*, Paris, Albin Michel, 1969.

Van Tieghem, P. *Les Influences étrangères sur la littérature française*, Paris, Presses universitaires de France, 1961.

Sur Hugo

Aragon, L. *Avez-vous lu Victor Hugo ? : anthologie poétique*, Paris, Messidor/Temps actuels, 1985.

Gély, C. *La Contemplation et le rêve : Victor Hugo, poète de l'intimité*, Paris, A.-G. Nizet, 1993.

Gohin, Y. *Victor Hugo*, Paris, Presses universitaires de France, coll. « Que sais-je ? », n° 2336, 1987.

Grossiord, S. *Victor Hugo*, Paris, Gallimard, coll. « Découvertes », 1998.

Guillemin, H. *Victor Hugo par lui-même*, Seuil, 1951.

Maurois, A. *Olympio ou La Vie de Victor Hugo*, Paris, Hachette, 1965.

Stein, M. *Victor Hugo*. Paris, Le Cavalier bleu, coll. « Idées reçues », 2007.

Van Tieghem, P. *Victor Hugo : un génie sans frontières. Dictionnaire de sa vie et de son œuvre*, Paris, Larousse, 1985.

Sur Lamartine

Berveiller, M. *L'Œuvre de Lamartine*, Paris, Hachette, coll. « Classiques France », 1951.
Dupart, D. *Lamartine, le lyrique*, Paris, La documentation française, coll. « Tribuns », 2011.
Truc, G. *Lamartine*, Paris, La Renaissance du livre, 1968.
Unger, G. *Lamartine : poète et homme d'État*, Paris, Flammarion, 1968.

Sur Musset

Larrière, L. *Musset, ironiste et satiriste. Esthétique de la distanciation dans l'œuvre d'Alfred de Musset*, Paris, Éditions universitaires européennes, 2011.
Soupault, P. *Alfred de Musset*, Paris, Seghers, coll. « Poètes d'aujourd'hui », 1957.
Szwajcer, B. *La Nostalgie dans l'œuvre poétique d'Alfred de Musset*, Paris, A.-G. Nizet, 1995.
Van Tieghem, P. *Musset*, Hatier, 1967 (1944).

Sur Nerval

Béguin, A. *Nerval*, Paris, Corti, 1973 (1945).
Cogez, G. *Gérard de Nerval*, Paris, Gallimard, « Folio biographie », 2010.
Moulin, J. *Les Chimères de Gérard de Nerval. Exégèses*, Lille, Giard, 1949.
Richer, J. *G. de Nerval*, Seghers, 1972.

Sur Vigny

Castex, P.G. *Vigny*, Paris, Hatier, 1957.
Eigeldinger, M. et A.V. Vigny. *Alfred de Vigny*, Paris, Seghers, 1966.
Jarry, A. *Alfred de Vigny : Poète, dramaturge et romancier*. Paris, Classiques Garnier, 2010.
Viallaneix, P. *Vigny par lui-même*, Seuil, 1964.

Sites Internet

http://poetes.com/romantisme
http://perso.wanadoo.fr/al.muller/romantisme

SOURCES ICONOGRAPHIQUES

ŒUVRES PARUES

300 ans d'essais au Québec
400 ans de théâtre au Québec
Apollinaire, *Alcools*
Balzac, *Le Colonel Chabert*
Balzac, *La Peau de chagrin*
Balzac, *Le Père Goriot*
Baudelaire, *Les Fleurs du mal* et *Le Spleen de Paris*
Beaumarchais, *Le Mariage de Figaro*
Camus, *L'Étranger*
Chateaubriand, *Atala* et *René*
Chrétien de Troyes, *Yvain ou Le Chevalier au lion*
Colette, *Le Blé en herbe*
Contes et légendes du Québec
Contes et nouvelles romantiques : de Balzac à Vigny
Corneille, *Le Cid*
Daudet, *Lettres de mon moulin*
Diderot, *La Religieuse*
Écrivains des Lumières
Flaubert, *Trois Contes*
Gautier, *Nouvelles fantastiques*
Girard, *Marie Calumet*
Hugo, *Le Dernier Jour d'un condamné*
Jarry, *Ubu Roi*
Laclos, *Les Liaisons dangereuses*
Marivaux, *Le Jeu de l'amour et du hasard*
Maupassant, *Contes réalistes* et *Contes fantastiques*
Maupassant, *La Maison Tellier et autres contes*
Maupassant, *Pierre et Jean*
Mérimée, *La Vénus d'Ille* et *Carmen*
Molière, *L'Avare*
Molière, *Le Bourgeois gentilhomme*
Molière, *Dom Juan*
Molière, *L'École des femmes*
Molière, *Les Fourberies de Scapin*
Molière, *Le Malade imaginaire*
Molière, *Le Médecin malgré lui*
Molière, *Le Misanthrope*
Molière, *Tartuffe*
Musset, *Lorenzaccio*
Perrault, *Il était une fois … Perrault et autres contes de jadis*
Poe, *Le Chat noir et autres contes*
Poètes et prosateurs de la Renaissance
Poètes romantiques
Poètes surréalistes
Poètes symbolistes
Racine, *Phèdre*
Récits fantastiques québécois contemporains
Rostand, *Cyrano de Bergerac*
Shelley, *Frankenstein ou le Prométhée moderne*
Tristan et Iseut
Vian, *L'Écume des jours*
Voltaire, *Candide*
Voltaire, *Zadig* et *Micromégas*
Zola, *La Bête humaine*
Zola, *L'Inondation et autres nouvelles*
Zola, *Thérèse Raquin*